李可心
·著·

爸 喜喜 媽

離婚再婚 教我的事

編輯的話

回想第一次讀到可心的文稿時，很是被觸動、佩服，還有些許心疼。

被觸動的是，可心毫無保留地表達出子女對父母的愛、對溫暖和諧家庭的強烈渴望。它原本從來不需要說出口，擁有的時候，彷彿再自然不過。

更佩服可心無所隱瞞地吐露成長歷程，從父母離婚、再婚、重組家庭，過程中她曾感受的不安、恐懼，又如何調整適應、與家人一起努力。她娓娓道來，分享心情、剖析自我，希望能撫慰相同處境下的孩子與爸媽。這需要多少勇氣？

也心疼年輕心靈承受的驚濤駭浪。可心回憶中學時，偶然與鄰座同學有一次交心的談話，她發現自己的家庭背景並非特例，但是每個孩子的感受與反應，往往不同。在離婚率的統計數字背後，有可能是一顆顆幼小、茫然無助的心。有的孩子能夠安然度過，更加茁壯，有的幼苗從此斲傷。

透過可心的書寫，希望讓面臨婚姻狀況的父母，有機會走進孩子此刻的內心世界，共同攜手度過。得到父母理解與協助的孩子，有時更加體諒父母，甚至成為大人的精神支柱。婚姻關係改變，依然可以維持優質的親子關係。

本書也邀請諮商心理師瑪那熊，就相關主題提供父母、師長、親友專業分析與建議，在關鍵時刻給予孩子更多的安全感。心理師提出許多適合當今社會的觀念與做法，值得參考。

除了爸媽、老師與親友，本書也適合相似處境的大孩子閱讀。從可心的故事中知道自己不孤單，進一步認識自我、了解父母，為不安情緒找到出口，保有迎向美好未來的生命能量。

商周出版編輯室

目錄 CONTENTS

〈作者序〉因為曾經痛苦，所以更加珍惜幸福！ 009
〈前　言〉我的家庭真可愛 013

第一部 我的原生家庭 017

對於吵架不是無感，只是麻木 018
關於吵架這件事，小孩子想說的是…… 026
媽媽，請妳不要走！ 032
找個幫得上忙的人 039
至少你們有吵 045

第二部

我的重組家庭

077

姊姊是無辜的　049
走出噩夢的陰影　058
我的六個家　062
父母也需要安慰　070
參加媽媽的婚禮　078
我們就是一家人　086
媽媽不只是我的　094
無法認同的親人　101
家庭分享日　107

他們愛說什麼，就讓他們去說吧！ 113
坦承自己的婚姻 118
感性才子爸爸 vs.老實暖男繼父 125
婆媳問題與翁婿關係 134
說出來！有何不可？ 139

第三部 家庭與我 147

一定要抱怨嗎？ 148
抱歉，我說謊了！ 153
為了愛，放棄尋找真相 158
我受夠了轉學！ 166

給孩子留下盼望 173
自棄還是自立？你的選擇是什麼？ 177
爸爸的女朋友們 184
公主不是病！ 191
不同的價值觀 199
孩子也會對父母偏心？ 208
一雙高跟鞋引起的戰爭 216
為什麼你們總是看不到？ 221
誰牽我走紅毯？ 226
爸媽讓我相信愛情與婚姻 230

〈作者序〉
因為曾經痛苦，所以更加珍惜幸福！

記得在高二的時候，一次英文課的學習單中，老師要我們用英文寫出未來最想做的一件事。我想了幾秒鐘後填上：寫一本關於父母離婚的書，分享自己的心情，希望能給處於離婚家庭的孩子和父母一些慰藉。

後來，剛升上大一的我，明顯感覺到課餘時間的增加，於是我決定坐下來，好好完成這本其實早在我十四歲時，就想寫的一本書。

常有人問我，之所以寫書，是不是因為喜歡寫作，還是因為讀新聞系，想要發揮新聞人揭露社會現象的精神。然而，我會寫這本書，並不是出於對寫作的興趣，更無關乎我的所學，而是因為我經歷過那段父母離婚的痛苦日子，深刻感受到父母的選擇帶給我的影響，並且一路走了過來，更重要的是，我現在過得很幸福！

因為了解身處在離婚家庭中的痛苦，所以更知道沐浴在家庭美滿氛圍下的快樂。我嘗試將自己的感受化為具體文字，並從一個孩子的角度出發，描述經歷父母爭吵、離婚、再婚與重組家庭的心路歷程。我希望這本書可以給與我有類似經歷的孩子一點支持，因為你並不孤單；也希望透過我的分享，能夠讓許多父母聽見孩子的心聲。我想告訴給正面臨婚姻狀況的家庭，或是獨自扶養孩子的單親爸媽，甚至是有意走入婚姻的男男女女──孩子內心的感受與想法，期望藉此減少家庭狀況改變所產生的傷害。這就是我在十四歲時，許下願望想做的事！

在寫這本書的過程中，我心中也充滿了矛盾掙扎，畢竟我筆下描述的不是別人，而是我最愛的爸媽。我知道，若我將父母離婚時的種種事件鉅細靡遺地寫出來，必定會為此書添加許多色彩，但我不希望這本書的出現，反倒揭露了父母的隱私、傷了他們的心。除了我的父母，我也必須保護我的兄、姊、妹妹以及朋友，因此書中所提及的角色人物，已全用化名代稱，並決定犧牲那些精彩迭宕的故事，避開論及離婚內幕的情節，將本書焦點專注於自己對事件的感受以及我對父母的告白。希望各位讀者能夠理解、體諒我的心情。

衷心盼望所有讀者在讀完本書後，能夠更敞開心胸去認識自己所愛的家人，用新的角度看待家庭，改善並維繫與家人的關係，最後祝福各位家庭幸福美滿！

〈前言〉
我的家庭真可愛

今天，是個平凡的星期二。

「早安，起床囉！早安，起床囉！早安，起床囉！」早上六點四十五分，妹妹床邊那個會唱歌的鬧鐘又把我吵醒了，我昏昏沉沉、東倒西歪地走到妹妹房間搖醒妹妹，再倒到她的床上繼續睡。這時媽媽已經在廚房裡準備早餐，鏗鏗鏘鏘的聲音顯得好不熱鬧。

整潔美滿又安康

七點十五分，烤箱裡，爸爸喜歡吃的大蒜麵包讓家裡燻得和麵包店一樣香甜溫暖。爸爸穿著整齊從主臥房裡走了出來，迅速幾口吃完早餐，妹妹穿上了制服、背起書包。媽媽拎著做好的早餐，一邊叮嚀妹妹帶上英文課的背包，一邊和爸爸討論今天的待辦事項。每個人匆匆忙忙、各說各話，雖然凌亂，卻有種說不出來的和諧。

七點二十五分，家裡又恢復了寧靜，媽媽開車送妹妹上小學，爸爸出門上班，只剩下我一個人，躺在妹妹的床上，硬等著七點三十分的鬧鐘響，才肯起床。

星期二，除了去學校上課外，還有一項例行公事——和爸爸約會！不過，這個爸爸可不是剛才所說的爸爸。沒錯！我有兩個爸爸，一個是我的親生父親，一個是我的繼父。

在我小的時候，我的父母親離婚，兩人離婚後，母親再嫁，讓我有了第二個爸爸！我的兩個爸爸雖然同年同月生，卻有著天差地遠的個性，一個藝術瀟灑，一個沉穩老實。我除了兩個爸爸外，還有一個哥哥、兩個姊姊和一個妹妹！

姊妹兄弟很和氣，父母都慈祥

我們家有五個寶，但是我們手足之間並不都有血緣關係。我的大哥（Daniel 哥哥）和大姊（Angela 姊姊）是繼父和他已逝的前妻所生，二姊和我同一父母，而我最小的妹妹，是母親和繼父再婚後三年才蹦出來的！

現在的我們，除了妹妹外，都已經成年了。大哥大姊有著自己的工作和事業，在外打拚，二姊和我仍在念大學。

今天和爸爸的約會，與往常一樣，我們碰了面後，找間安靜的咖啡館，一起做功課、聊聊天，從心事聊到國家大事，再從過去聊到未來。聊著聊著，天色漸漸暗了，二姊來到咖啡館與我們會合。聊了幾句後，我們分道揚鑣，爸爸和姊姊回家，我則回媽媽家。

晚上八點的媽媽家，雖然繼父還沒下班回到家，只有媽媽妹妹和我三人，卻已經很熱鬧了，我們總是吵吵鬧鬧的。九點一到，我打開冰箱拿出四顆雞蛋，放到鍋裡煮，這是明天一早繼父、媽媽、妹妹和我的必備早餐之一。就這樣，一個再平常不過的星期二，卻是我在六歲以前，不敢想像能夠擁有的日子……

第一部

我的原生家庭

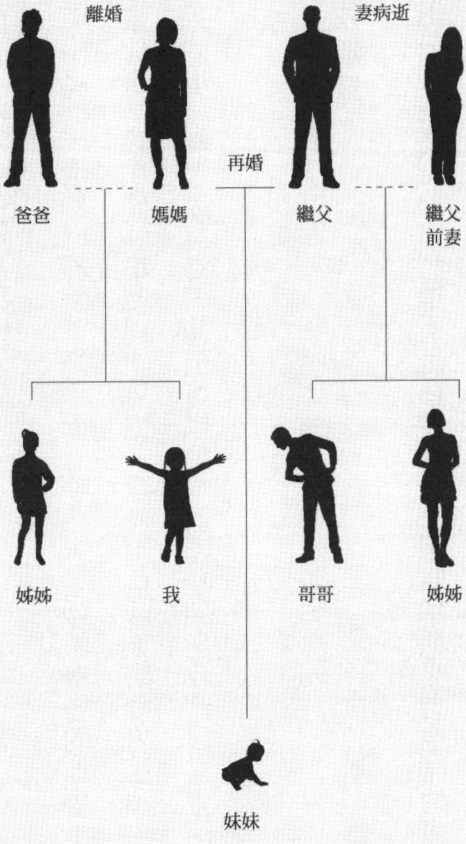

對於吵架不是無感，只是麻木

記得小時候，爸媽吵架的功力真不是蓋的。

在爸媽離婚之前，他們已經到了幾乎天天吵架，不吵才奇怪的地步！對於爸媽吵架這件事，我和姊姊早就司空見慣。至於那些吵架時雙方丟出尖酸刻薄的話，我們也已經習以為常，甚至可以說，爸媽吵架是我們日常生活的一部分。

爸媽吵架我無感？

我們不用去問爸媽：「你們是不是在吵架？」因為那種火力全開的場面就是吵架，而不是大聲說話，就算是小孩也能區分清楚。

常常都是爸媽吵他們的，我和姊姊做我們自己的事。

還記得小時候爸媽吵架時，我和姊姊就會假裝拿著魔法棒，在他們中間揮舞著，扮演警察，對著正在十字路口吵架的爸媽，高聲喊著：「不要再吵了！大家還要通過！請你們快點離開，不然我要開罰單囉！」我們說這些話完全不是為了制止他們吵架，只是單純覺得這是個角色扮演的好玩場景，一定要好好把握藉題發揮一番！

還有一次，爸媽在一家餐廳大吵，餐廳裡的人都興味十足看著這場鬧劇，我和姊姊就努力保持淡定，在座位上吃著我們碗裡的麵。

當下的心情很難形容。我並不生氣爸媽吵架，因為那是常態。但是看到周遭的人們以一種看好戲的態度，七嘴八舌、指指點點，卻讓我火冒三丈，恨不得把他們爆打一頓。不過，我又能怎麼樣，這是我爸媽自己的問題，所以我也只能狠狠瞪著那些看熱鬧的人，現在回想起當時那種憤怒又無奈的心情，真的覺得很可悲。

再次置身吵架的衝突

因為小時候有那樣面對爸媽吵架的經驗，我以為我早已練就金剛不壞之身，再也不怕父母吵架這回事了。後來媽媽再婚，由於繼父和媽媽的感情很好，結婚多年，就連小吵架的次數也是屈指可數，我都快忘了父母吵架是什麼感覺。沒想到就在我國中的時候，繼父和媽媽爆發了冷戰。

在他們冷戰的第一天我就覺得不對勁，但我認為他們會一如往常迅速和解，沒想到情況沒有隨時間好轉，反而愈來愈嚴重，幾天後，繼父竟然跑去睡沙發，媽媽也不再做晚餐給繼父吃了。

由於我們家每週六晚上都有家庭分享，全家人一同分享一週內要感謝的事，因此繼父和媽媽只能硬著頭皮，和我們坐在一起。

一開始，我們三姊妹就搶著先分享，試圖緩和兩人散發的沉重氣氛，但事實證明，這樣一點用也沒有。換到媽媽分享時，媽媽先是嘆了一口氣，接著開始用很反諷的方式，「感恩」繼父的不是。一瞬間，沉重的氣氛更是直接降到冰點。我們幾個孩子，全都沉默不語，低著頭不敢看他們兩個。

媽媽講著講著，愈講愈多，愈講愈酸，繼父最後實在是氣不過了，開始反駁，眼看著兩個人愈講愈大聲，妹妹很快被帶回房間。Angela 大姊和二姊互相擠眉弄眼，不知道在傳達什麼，我緩緩把腳縮起來抱緊，臉靠在膝蓋上，兩眼直楞楞盯著白花花的牆壁。

我漸漸感覺到鼻酸，但我努力忍著，不斷告訴自己：「有什麼好哭的，這種事以前每天都會發生，妳應該早就習慣了。」沒想到他們吵著吵著，繼父突然說了一句話：「要是依我以前的個性，早就跟妳離婚了！」一瞬間，在我眼中醞釀已久的淚水便不受控制地湧了出來，同時我也聽到媽媽不甘示弱的回應：「是嗎？我也早就跟你離婚了好不好！」當下我完全控制不住自己低落的情緒與奔流的淚水，只能舉起手臂擋住我的臉。

只聽到 Angela 大姊高聲喊著：「不要吵了啦！你們快看，可心都哭了。」

繼父和媽媽的爭吵因為這句話安靜了片刻，但並沒有停止，不一會兒又開始了。我再也受不了，直接衝回房間把門反鎖，躲在裡面大哭。

平靜外表下的驚慌失措

這件事情後，我才發現，從前那些我不以為然的吵架，原來在我心中造成那麼大的陰影。當繼父和媽媽說出「離婚」這個關鍵詞時，我真的好害怕、好害怕，無法形容地害怕，全身上下都在顫抖，而當時映入眼簾的畫面，就是小時候爸媽打離婚官司時，我在法院裡被法官詢問的畫面。

我以為媽媽再婚後，生活美滿祥和，那段父母離婚的經歷已成過去，沒想到這次繼父與媽媽吵架的事件，我才明白在自己心底深處，是多麼害怕、恐懼那樣的爭吵，我是多麼憂慮父母從親密關係、到爭吵，最後演變離婚的過程。

因為這樣難受的經驗，我不希望將來我的小孩和我受同樣的苦，我不要因為我的關係，讓孩子被那些看熱鬧的人指指點點，甚至對爭吵感到麻木。

我們或多或少都有與人吵架的經驗，我覺得這只是溝通的方式之一，其實有時候完全可以避免。真心希望天下的爸媽們不要太常吵架，或涉及人身攻擊，因為對於我們孩子來說，父母動輒吵架或輕言離婚一旦成為常態，在無法逃離或解決情況下，那種表面平靜、內心麻木的陰影將如附骨之蛆，終身難以擺脫。

瑪那熊心理師的家庭觀察

從鮑比（John Bowlby）提出的「依戀理論」（attachment theory）來看，人天生就有接近他人的需求。嬰兒透過哭聲、笑聲來吸引主要照顧者（通常為父母）的注意與關心，以幫助自身存活。到了兒童、青少年階段，雖然基本生活已經可以自理（不需要父母辛苦把屎把尿、餵食洗澡），但由於經濟尚未獨立，無法養活自己，因此仍會期待並習慣受到依戀對象（父母）的照顧。

更重要的是，不論嬰兒、兒童、青少年（或成人）的「依戀需求」，意即對依戀對象的期待，除了物質、生理上的滿足，還有心理上的安全感。父母若能提供穩定的照顧、回應、關愛與陪伴，會讓嬰孩一點一滴累積對世界、對他人的信任。

夫妻關係與穩定的家庭息息相關，在激烈爭吵提及離婚，容易讓孩子擔心依戀對象將離自己而去，並用不同的方式來處理缺乏安全感所帶來的恐懼、擔心或害怕。文章中所提到的表現麻木即為一種，面對過於巨大的負面情緒，孩子將自己從中抽離以降低衝擊，並讓自己能持續生活、面對父母。

即使父母盡量克制不在孩子面前吵架，但孩子是敏感的，多能從父母的互動、氣氛中察覺不對勁，這也是為什麼即使是冷戰，都會讓孩子緊張、焦慮。

夫妻爭執是婚姻中無法避免的，關鍵在如何面對衝突。脫口而出的「離婚」字眼，其實也可能讓雙方關係更掀波瀾。這是因為人們長大後，依戀對象逐漸擴展到父母之外，如知己、師長，通常最主要的會是伴侶。因此，吵架時的隻言片語若讓對方感到依戀對象即將離去，也會引發恐懼、害怕或焦慮等情緒，並做出反擊。而往往這時又引起另一方更大的負面情緒，造成惡性循環。

因此建議夫妻在爭吵時，除了留意所用的言語外，也盡量避免在孩子面前有過於激烈的衝突。更重要的是在情緒漸緩、自己穩定下來後，關心孩子的狀態。透過同理孩子的擔心、害怕，並說明過程，讓他們了解到底發生了什麼事情。

關於吵架這件事，小孩子想說的是……

回想了過去父母的爭吵，雖然頻率很高，但只動口不動手。其中印象較深刻的一次，爸爸媽媽激烈爭吵之後，爸爸帶著姊姊站在門外，媽媽摟著我躺在床上，而我當時已經對爸媽的吵架沒什麼感覺了，腦中唯一浮現的是——鸚鵡，一隻綠色的鸚鵡！媽媽不斷地安慰我，告訴我一切會沒事的，但我滿腦子都在想那隻綠色的鸚鵡。

朋友圈的問卷調查

對於我如此好笑的反應，我自己也感到離奇，因此我訪問了一些朋友、同學（大多年級和我相仿）想一探究竟，是否其他人在父母吵架時，也會有類似的反應。

好友一♂（爸媽感情很好，很少大吵，只偶爾鬥鬥嘴）：

爸媽很少吵架，所以小時候對此沒什麼印象，但如果現在他們吵，我會假裝沒聽到，不然會心情很不好！

好友二♂（爸媽感情不錯，偶爾會吵）：

小時候爸媽吵架，我會想哭，長大就不會了，會感到無言，無言久了就覺得很煩。

好友三♀（爸媽感情好，不太吵，只會大小聲幾句）：

小時候就覺得有點害怕，但不會哭。現在覺得有什麼好吵的，不能好好說嗎？覺得溝通很重要，有時候也會勸架。

好友四♂：

我只想逃避，想躲開。

好友五♀：

小時候會覺得很煩、很痛苦，也會很難過，因為以前父母吵架時通常會有暴力傾向，媽媽又是那種不會反抗的女人，所以我會很生氣，也會跟著暴躁起來。長大後，父母吵架就幾乎沒有暴力傾向了，再加上自己對爸媽的個性有更多的了解與體諒，所以負面影響就沒有那麼大。雖然爸媽多少還是會吵架，但只要沒有動手就覺得還好。

爸媽吵架時的用字真的非常難聽，聽到都很生氣，可是誰吵架時是理智的呢？現在會覺得父母跟我們小孩子一樣也是不斷學習，親情、愛情、友情，世間所有感情皆是如此吧。兩人相處必然需要磨合，父母跟任何一對情侶一樣，難免會有要討論、協調、達成共識的地方，所以就覺得「讓他們去吵吧！」反正很多人也是如此。我想，人年紀大了，計較的事會減少，但也需要找個人鬥鬥嘴吧！

好友六♀（爸媽常吵，但每次都會和好）：

小時候爸媽比較少吵，也沒什麼印象。長大後，爸媽吵架時我大多沒什麼反應，不太敢講話，雖然不至於會難過，但有點害怕，因為很大聲，很恐怖！

聽完六位朋友、同學對父母吵架的印象，似乎沒有人有類似我的離奇經驗，有的選擇介入，有的選擇逃避，有的選擇安靜，每一個人的反應都不一樣，但共通點是：沒有一個人能在父母吵架時仍保持開心。

訪問時，另外還有兩個朋友告訴我，他們的父母幾乎不吵架，所以根本沒有印象，他們的答案讓我既羨慕又嫉妒，我從這兩個人身上看到的是對家人的信任和驕傲，這也是我心目中想擁有的家。

小女兒的心願

在此，分享一個小故事。

有一天張太太又跟張先生吵架了，兩個孩子在客廳裡不安地邊寫功課邊聽爸媽吵架。半個小時後，小女兒實在受不了，於是站了起來，昂首闊步地走進爸媽房間。

爸媽正吵得激烈，小女兒卻自顧自地直接走到兩人中間。張先生與張太太被小女兒的舉動嚇了一跳，暫時停止爭吵。小女兒牽起兩人的手，使了點力，把爸媽拉近，接著開始禱告。

小女兒在禱告裡，請求上帝教導她的父母珍惜婚姻，並給她一個相親相愛的爸媽。禱告完後，小女兒把爸媽的手放下來，轉身離開。

聽完小女兒的禱告，張先生和張太太感到慚愧無比，兩人靜默下來，回去做自己原本該做的事，不一會兩人便和好了。

從那天起，張先生與張太太吵架的次數不知不覺減少了許多。每次夫妻兩人快要爆發吵架時，就會想起小女兒當時的舉動，想起小女兒的禱告詞，心中的怒氣就慢慢化解了。

這個故事讓我意識到一件事，在父母吵架時，身為孩子的我們通常都靜默不語，不吭一聲，但根本沒人規定我們這麼做。我想，有時候來自我們的溫和勸導或貼心舉動，是否有可能幫助爸媽紓解壓力與怒氣，並轉為原諒與付出呢？為了我們最愛的父母，或許值得反向思考，找到不一樣的方法，讓大人停止爭吵吧！

最後，我想分享一句我所聽過數一數二的智慧話語：

「你知道吵架要怎麼贏嗎？」

「誰先道歉誰就贏了！」

媽媽，請妳不要走！

試想，一個疼愛孩子的媽媽，因為婚姻及家庭等種種因素，不得已必須把孩子交給他人照顧，這時若是聽到孩子哭喊著：「媽媽，請妳不要走！」一鐵定會心痛難過得不知如何是好吧！在這裡，我並不是要以悲情訴求，而是想討論「媽媽」這個角色對家庭的重要性。

媽媽不在家，失序跟著來

當初爸媽要離婚的時候，媽媽曾經離開過一陣子。其實，早在爸媽的婚姻步入第三年時，媽媽就已經不想跟爸爸繼續生活了，但她捨不得離開姊姊和我，最後才勉強撐到第八年。後來經由一位諮商師的開導，讓媽媽下定決心暫時脫離這樣的婚姻狀況，為的是給孩子一個更好的家。

雖然媽媽只離開我們一個月的時間，但對於還是小孩子的我和姊姊而言，卻是度日如年，甚至認為她離開我們大半年之久。因為那段少了媽媽的日子，很多事情都失序了。

由於爸爸工作繁忙，每天都很晚才回到家，因此平常放學接我們回家，管我們吃飯、唸書，幫我們洗澡，哄我們入睡的都是媽媽。少了媽媽，放學沒有人來接，我們總是等了又等，好不容易才等來爸爸的員工。沒人準備晚餐，也只能買水餃到爸爸公司解決。缺少媽媽的叮嚀，我們總是晚上太晚睡，早上爬不起來，上課遲到、功課沒寫、考試也沒念書。兩、三個星期後，就被列入老師的關懷學生名單。媽媽不在家，每一件事似乎都變得特別不順。為了這一個月的分離，媽媽在日後有特別向我和姊姊解釋離開的原因，並向我們鄭重地道歉。

小時候經歷過這樣一段日子，讓我後來也觀察到，班上常會有同學因為父母離婚而成為問題學生。我還發現一個特殊的現象，正處於爸媽準備離婚階段的同學，在那段期間的行為往往會變得特別極端、怪異，例如超級安靜、孤僻，或是動不動就生氣、喜歡跟人嗆聲、唱反調。

我不知道父母對於自己小孩成為問題學生的感受是什麼，但我知道，小孩對於自己成為問題學生的感受很不好，甚至覺得痛苦。我們經常會因為做了一些自己都不知道為什麼要這麼做的事情，而處於後悔的情緒中，又不知道向誰訴苦，向誰傾吐。

有些同學在父母離婚風波平息後，可以回歸原本的生活，但也有些同學就從此變了個人。我不知道，這一切是否與在家庭中得到情感上的支持有關？

誰是家庭中的照顧者？

從我自己以及周遭同學與朋友的經歷，我有個小結論——女性在婚姻以及家庭裡所扮演的角色，比男性重要。

請不要誤會我的意思！雖然現代社會強調男女平等，男主外女主內的情況也逐漸翻轉，但不可否認，家庭中養兒育女的責任，較大比例仍然落在媽媽身上。一個家庭的女主人如果突然離開，這個家很可能會在短時間內崩塌。

我並不認為，是因為小孩比較愛媽媽，所以媽媽不可以走，或是因為女人在家中的位置很重要，所以絕對不能離開。我覺得關鍵在於（大多數家庭中）媽媽扮演家中「照顧者」的角色！以我家的情況為例，原本負責在外賺錢養家的爸爸，瞬間必須身兼家內與家外的角色，以爸爸當時的工作情況而言，一個人要照顧兩個小孩子根本就是焦頭爛額。

當媽媽離開時，我們家裡的變化非常巨大，連處理最稀鬆平常的生活小事都變得好困難。那段時間的灰暗回憶，讓我到今天仍然相信，當時與其由家庭的經濟支柱來兼任照顧者，倒不如由原本的照顧者試著獨當一面，支撐起整個家。我之所以會這麼認為，是因為一個月之後，爸爸將我們轉由媽媽照顧，生活的一切很快又步上正軌。

雖然當時我家的狀況，是由爸爸提供住屋，媽媽負責照顧，所以並不需要擔心房租問題，經濟壓力也沒那麼大，但確實和媽媽一起住，生活中大小事情就是「順」了許多，每天無所適從的不安感也很快消失了。

至於由爸爸擔任照顧者的那一個月，現在回想起來，雖然不是什麼美好回憶，但我們絕對不會因此而怨恨爸爸。若沒記錯，那一個月的時間，我和姊姊不曾向爸爸抱怨，也沒有大哭大鬧，反而格外聽話懂事，因為我們看到、也感受到爸爸為我們付出的辛勞，只是偶爾不知所措時，會問問爸爸：「媽媽呢？媽媽去哪裡了？」

瑪那熊心理師的家庭觀察

過去「男主外，女主內」的文化，隨著台灣經濟與社會發展逐漸改變。雙薪家庭已成為當代主流，多數夫妻皆需辛苦在職場打拚，並有著

「共同照顧小孩」的觀念。即使如此，我們仍可見到有些父親會將「努力賺取更多薪資拿回家中」視為對家庭、孩子的主要付出方式，而將生活照料、心理陪伴的任務交由母親。我們不應單純用「對、錯」來看待這種模式，婚姻與家庭經營的關鍵不是「公平」、「齊頭式平等」，而是「合作與分工」。更重要的是，夫妻雙方如何一起照顧家庭，應將對孩子的影響當作主要考量。

父親專注工作以應付家庭開銷，而較少時間陪伴、與孩子互動，其實對於兩者都有負面影響。對孩子來說，可能因為缺少相處時間而疏遠、較不親密。前面提及，孩童對於父母的「依戀需求」除了基本的生活物質外，也需要情感上的陪伴，以鞏固關係的安全感。對父親來說，若因為忙於事業而在孩子成長過程中常缺席，較少享受親子互動、表達情感的機會，也是非常可惜的事。

因此，如何在工作與陪伴孩子之間取得平衡，需要父母費心規劃、一起討論，透過相互支援來讓彼此都能參與孩子的成長。別忘了，家是由夫妻共同打造而來，伴侶就是我們最重要的合作伙伴！

找個幫得上忙的人

不少人會認為，婚姻是非常殘酷的一件事，它硬是把兩個不同的人「綁」在一起生活。相處的時間一長，難免衍生出這樣那樣的各種問題。再加上外在的誘惑那麼多，發生外遇的機會也大增。

婚姻走不下去，似乎是現代社會中很多家庭會碰到的事！

尋求協助

當婚姻遇到瓶頸時，大部分的夫妻，尤其是有小孩的，會先設法尋求協助，例如找親友、婚姻諮商師，也有人會找教友協助。

我爸媽一開始是請長輩協助。有的長輩很權威，一開口就道德勸說或訓斥；有的長輩很溫和，說了許多有智慧的話，也提供不少解決方法。不過長輩對婚姻各有不同的見解，給的建議往往南轅北轍。

坦白說，要講出有道理或有智慧的話並不難，但對於深陷婚姻泥淖的爸媽來說，彼此的成見已深，再加上眼前的各種問題，要讓他們打從心裡認同某位長輩的說法並具體實踐，超級難。

每當紛爭又被挑起時，長輩的建議往往派不上用場，有時甚至成為互相攻擊的利器，像是指責對方說：

「某大哥不是說你應該要怎樣怎樣嗎？」

而另一方又會回說：「他不是也說妳應該要怎樣？妳有做到嗎？」（唉，這樣的對話真幼稚。）

爸媽在離婚多年後，回憶起當時曾詢問過許多人的意見，只覺得眾說紛紜，沒有一致的結論，讓他們感到不知所措。最後婚姻關係不但沒有改善，反而每況愈下，雪上加霜。

難以解決的婚姻沉痾

眼看婚姻瀕臨破碎，在某次戰爭開打前，他們努力克制下來，轉向婚姻諮商師求助。

聽爸爸說，婚姻諮商師的建議真的專業很多，但對他們而言，仍然敵不過長年累月對彼此的不滿，最後兩人還是離婚了！

就在爸媽離婚之後，媽媽搬離開了家。當時家裡陷入極大的困境，不僅我和姊姊沒人照顧，爸爸也疲於奔命，家庭事業兩頭燒，甚至連經濟狀況都亮起紅燈。當時有許多親友伸出援手，卻始終沒有辦法解決分崩離析的家庭所面臨的難題。

當時，把我們從困境中解救出來的人，是Donald叔公。

Donald叔公長年經商，是我爸媽非常尊敬的一位長輩。他對我們一家人很熟悉。當Donald叔公輾轉從其他親友口中得知我們家的情況，立刻電話聯絡爸爸媽媽。

天降神兵

首先，Donald 叔公分別向爸媽詳細詢問了狀況，徹底了解當時兩人的處境。根據爸媽的回憶，過程中他靜靜地聆聽，對之前一切的紛擾是非，完全不做任何評判。

在了解情況之後，Donald 叔公迅速把爸媽找來，當下以命令的方式，提出一份明確且完整的行動清單，包括接下來由誰照顧小孩，誰負責賺錢，房子如何分配……。他清楚指示爸媽該做什麼，怎麼做。

Donald 叔公一聲令下，爸媽毫無異議地接受了。畢竟好不容易有一位讓兩人都信服的長輩，可以指示他們行動起來，讓已然崩解的家庭找到暫時得以運作的模式，解決眼下的窘境。

Donald 叔公在爸媽的立場之間，擬出一套可行方案。他提供的不是大道理、統計數字或是聽起來很有智慧的話，而是一項項清楚明白的步驟，終於在兩人的僵局中打開一條出路！

所以，我們一致認為，Donald 叔公才是真正的問題解決者！

他是來幫忙的嗎？

在爸媽處理離婚的過程中，不少親友會主動提供意見或協助。其中，有些人付出關懷，雪中送炭，不過也有些人帶來了困擾，甚至令人產生懷疑，「他是來幫忙的嗎？」

還有一些人，表面上是說幫忙，但似乎更喜歡窺探或散播他人隱私；也有人只是為了證明自己受到重視，親友發生了什麼事會找他討論、請他出面協調……。

人們常會覺得，熱心提供協助的人值得信任，因而向對方傾吐心事。於是家裡的大小事，就可能經由這些好心人，「不小心」廣為散播。我的朋友圈中，就曾有人在父母離婚之後，受到一些流言蜚語的嚴重干擾，因而切斷了過去的人際關係。

我要感謝我的父母，沒有一直陷在痛苦中，而是盡其所能讓生活回到正軌。還要感謝 Donald 叔公，若不是他挺身而出幫助爸媽，當時的難題恐怕只會無解，而今天的我也不可能以平靜的心，回顧這段成長歷程。

至少你們有吵

一直以來，我總是抱怨著當初父母婚姻出狀況時，天天吵架，直到我認識了一個小男孩，才發現我是多麼的幸福。

我認識這個小男孩時，他年紀十一歲，和我一樣，在他六歲時父母離婚了。小男孩的父母是對俊男美女，兩人相識之後陷入熱戀，閃電結婚，生下了小男孩。這對夫妻人緣非常好，交遊廣闊，許多叔叔阿姨都很喜歡這個小男孩。

沒想到，婚姻生活過了幾年，這對夫妻就離婚了，親朋好友都大感詫異。

小男孩的遭遇

小男孩的父母離婚後，和我的爸媽一樣，為了孩子的監護權，陷入一連串的官司，但是情況與我家不同的是，他的父母並不是爭著要孩子的監護權，而是想盡各種辦法，要放棄孩子的監護權！

雖然當時這個小男孩才六歲，但我知道，他清楚地感受得到父母正搶著放棄他。

一方面我相信，小男孩的父母不是因為不愛他，或想拋棄孩子才如此，或許他們各自有不得已的苦衷，例如明白自己的財力有限，資源不足，無法給予孩子優渥的成長環境，因此放棄監護權。另一方面當然也不排除，有可能是因為「怕麻煩」才這麼做。

回想當初，我的父母親在打離婚官司時，兩人的經濟狀況也不佳，而這正是我最感謝他們的原因，因為即使經濟環境不允許，他們依然願意想盡辦法，花錢聘請律師，只為了得到更多愛我們的機會。

法院最終將小男孩的監護權，判給了爸爸，同時也規定母親需要定期探視。然而之後，小男孩的行為舉止很快便變了樣，時常暴力相向、霸凌他人，遭到許多長輩詬病，就連很多想幫助他的人都被氣走了。

之前，我從來沒想過父母吵架也是件能令我驕傲的事，直到看見這個小男孩所經歷的一切。

爭取愛的機會

爸爸媽媽離婚時，我六歲，對許多事情懵懵懂懂，但是因為父母親搶著爭取我和姊姊的監護權，儘管他們的行為讓我和姊姊在兩人之間備受拉扯，卻讓我清楚知道，我不是一顆被踢來踢去的皮球，而是顆人人搶著要擒抱的美式足球，縱使在球場上難免留下傷痕，但是我們飽受關愛。

小的時候，媽媽常會抓住我和姊姊的手說：「手心手背，心肝寶貝，你們一個是我的心肝，一個是我的寶貝。」爸爸也常會把我們抱到快窒息，並不停地說：「爸爸最愛最愛最愛妳們了！」因著父母的這些話，我知道我是個有人愛的小孩，而這個信念在父母離婚吵架時，絲毫沒有減弱，反倒更加堅定。

若能選擇，我當然希望我的父母不要吵架，用和平的方式解決紛爭，但倘若不存在和平談判的選項，我寧願我的父母是為了愛我、要我而吵，不是為了不要我而吵。

姊姊是無辜的

我和姊姊因為父母的離婚官司出庭的那一天，陽光普照。

我大約六歲，姊姊七、八歲，媽媽和繼父（當時是媽媽的男朋友）帶我們去法院。我並不知道爸媽先前已經出庭好幾次，那一天法官只是要聽聽我和姊姊的想法。

第一次上法庭

我們到達法院後不久，爸爸和他的律師也來了。當時我坐在走廊的長排椅子上跟繼父玩著遊戲，爸爸和他的律師從轉角出現，我們的視線剛好對上。我和好久不見的爸爸互看了幾秒鐘，我永遠記得他臉上的表情，那是一種複雜的笑容，像是開心卻又想哭，還有幾分尷尬。我事後回想，大概是看到我和繼父在玩的緣故吧。我衝上前去抱住爸爸。過了不久，繼父因為工作先行離開。

我沒記錯的話，法官似乎是先叫原告（媽媽）進去，所以我跟爸爸玩了一會兒，不久之後法官又叫了被告（爸爸）進去。我因為等得很無聊，所以開始在法庭外晃晃。我看到法庭外的牆上貼著一張紙，列出今天要審的人、事、時。我發現爸爸媽媽的名字，後面標註著「離婚」，當時並沒有特別的感受，只是擔心爸爸媽媽看到會怎麼想。

我對那天的印象不是很深刻，後來還問了姊姊。根據她的說法，在前往法院的路途中，媽媽跟我們解釋，等一下法官阿姨會問我們一些問題，我們只要照心裡面想的，和實際上發生的情形回答就好。

那段時間我們跟媽媽一起住，聽了媽媽講一些以她的角度來看爸爸的話。記憶中，我們的生活開始逐漸寬裕，上餐廳吃飯的次數比以前多；百貨公司櫥窗中的衣服變到自己的衣櫥裡；我還拿到夢寐以求的小魔女 DoReMi 魔法棒（我的是第二代，姊姊的是第一代）。以前都是我羨慕班上的同學，而現在輪到班上的同學羨慕我。最重要的是，家裡沒有了天天吵架的聲音！

綜合以上各點，以小朋友的角度，我們理所當然比較喜歡和媽媽住。

筆錄與記憶

我不記得和姊姊等了多久，畢竟小朋友對於時間的長短沒什麼概念，我只記得當時等得很不耐煩，也有點不知所措。

後來聽到有人喊了我和姊姊的名字，我們進入法庭。感覺自己像隻小狗，雖然我的兩個主人都對我很好，但我必須在男主人與女主人之間做出選擇。現在回想起來，當時自己搞不清楚狀況，也不覺得難過，但這樣其實滿可怕的。如果沒記錯，我應該知道在回答法官的問題之後，會有大事發生，可能讓爸爸或媽媽很難過，但我還是得回答。

法官先跟我們打過招呼，接著說：「我等一下會問你們一些關於爸爸媽媽的問題，你們就誠實回答我，爸爸媽媽都不在場。」當時還真的以為爸媽不會知道我說了什麼，我根本不曉得有筆錄這種東西，不過這份筆錄並未影響到我，反倒是影響了姊姊。

在法官說話的同時，我觀察了一下法庭的布置，牆面很白，像醫院的病房，是一個沒有溫度的地方。它讓我覺得很冷，跟國中公民課參觀的法庭完全不一樣。我同時留意自己有沒有站直，因為爸爸總是很要求我們的站姿坐姿，我自己也很在意這些事。

讓姊姊背黑鍋

法官問了三個問題，但我只記得其中一個，就是：「你們想要跟誰一起住？」

由姊姊先回答：「我想要跟媽媽住，因為……」姊姊說了一大串理由，那可能是我這輩子記憶最深刻的一段話。總之，姊姊在法官面前說了媽媽平常批評爸爸時所說的話。我不覺得媽媽是為了這一刻，特別灌輸我們什麼想法，因為不管是誰，生氣時都很容易如此批評對方，不過我也相信任誰聽了這些話都會把監護權判給媽媽。

等姊姊講完後，法官皺了皺眉，然後問我：「那妹妹呢？」我愣了一下，簡短回答：「跟姊姊一樣。」法官問的其他問題我和姊姊都忘了，但我們記得很清楚，我的答案都是：「跟姊姊一樣。」

就這樣，我反覆說這五個字，把所有責任推到姊姊身上。

其實，我一直覺得很內疚。我重複了三次「跟姊姊一樣」，讓大家認為我還不懂，一切都是姊姊說的，是她做的決定。

有時想想，當「老大」還真不是件容易的事，我在寫這本書的過程中，問了姊姊一些問題，她告訴我，她真希望能有個姊姊幫她背這些黑鍋！當下我很慚愧，也覺得自己是一個幸運的妹妹，無可否認的，我確實讓她背了黑鍋，我想鄭重地對她說：「姊姊，對不起！」

孩子是一塊強力海綿

這讓我思考到一個問題，為什麼很多事情都要老大擔起？誰規定一定「大的要讓小的，小的要尊敬大的」？為什麼不是無論年紀大小，都要學習禮讓、尊重與負責？

從姊姊與我的身上也證實了一件事：小孩子是一塊具有超強吸收力的海綿，會複製父母的言行舉止。之後，等到我年紀漸長比較懂事，每次聽到爸爸或媽媽的親友，在說另一方的壞話時，不管對方是不是長輩，我都會強烈表達抗議，畢竟說的是生養我的父母，那些罵他／她的話，也等於是在罵我。

另外，不知道你是否發現，小孩子很容易被物質收買。這個方法經常奏效，但絕對不是個好方法。當然，如今回想起來，我絕對不會責怪媽媽在離婚後給予我和姊姊較好的物質生活，但是在媽媽得到監護權之前，不知是否有可能，先維持原本的生活條件與環境品質？這樣當我們孩子在做選擇時，可以不受到物質的影響，讓我們能夠單純地選擇。

瑪那熊心理師的家庭觀察

在親職教養領域中，手足的互動一直是廣受關注的議題。心理治療大師阿德勒（Alfred Adler）曾提出「家庭星座」，探討孩子出生序對於個性、人際模式甚至價值觀的影響。然而，如果手足之間的角色過於僵化，總是必須遵照某些「規則」行事（例如大的要讓小的，小的要聽大的），便會讓孩子將這套規則烙印心中，在人際中缺乏彈性。例如長子或長女若從小被要求照顧弟妹，雖然可能發展出幫助他人、保護對方的習慣，但也可能過度負責或苛求自己。而總被要求聽從兄姊指令的孩子，可能形塑出過於順從或另一個極端：重視競爭想要贏過對方的性格。

要留意的是，孩子所接受到來自父母的「要求」，不單指直接命令或給予規則的形式，還包括了父母的「肯定」。例如當孩子幫弟妹完成某事時，會因為得到父母稱讚，或觀察到自己這麼做能讓氣氛好轉、父母高興，而得到增強，於是刻意或不自覺持續類似行為。

因此，父母可觀察孩子在與手足、父母互動時，是否過於習慣扮演固定角色，且留意自身有無不自覺地「要求」、「鼓勵」孩子如此。更重要的是，不論孩子的出生序為何，都應避免讓他們扛起不符合其年齡的責任。

此外，由於孩子在這個階段還無法獨自生活，且往往將父母視為重要的依戀對象，自然會期待父母眼中只有他／她一人。當手足陸續增加後（弟妹出生、重組家庭），孩子可能因為擔心父母不若過往般重視他們，而開始與手足爭奪照顧者的關愛。因此，父母對孩子的「公平」，有助於孩子學習與他人有良好互動與合作，反之則可能讓孩子過於熱衷於競爭。

這裡所提的「公平」，不只是物質上的分配，還包括了對子女的稱讚肯定、關懷照顧。當然，「公平」也並非齊頭式平等，而是依照孩子的年齡、需求給予協助與支援，並讓他／她們了解為什麼手足之間得到的「東西」不全然相同。

走出噩夢的陰影

我記得小時候有一段時間幾乎天天做噩夢。不同的噩夢每天輪番做著，其中幾個噩夢，到現在依然印象深刻。

噩夢纏身的日子

先說一個最常出現的噩夢吧。夢的背景是混雜著粉藍、粉綠、粉黃、粉紅各種顏色的異次元空間，有三個大大的鐵製圓弧形盤子，由右上到左下懸空排列。這三個鐵盤上分別坐著一個人，依序是身材魁梧、長相凶狠霸道的爸爸，外表彪悍、不甘示弱又不時透露出懦弱性格的媽媽，還有年紀與身型都很嬌小且不停哭泣的女兒。

在這裡，我要先澄清一件事，夢裡的男人、女人和女孩，並不是現實中爸爸、媽媽與我的投射，因為夢裡的人物角色與我爸媽的個性真的差很多，我相信這兩人並不代表我的父母。

在夢裡，右上角鐵盤裡的爸爸，總是面紅耳赤的不停大罵著，不知道在罵些什麼；中間的媽媽有時會潑辣地回嗆，有時也會朝向女兒，跟她一起哭泣；坐在左下角鐵盤裡的小女兒，不管發生什麼事，只有不停地哭，未曾停過。

這個夢沒有結局，就這樣一直持續差不多的劇情與畫面，直到醒來。這個夢其實也沒有多恐怖，但每次做這個夢，心裡都會感到很沉重，即使清醒了也很難擺脫壓抑的情緒。

抑鬱、驚嚇與擔憂

還有一個噩夢也讓我印象深刻。那個夢非常短，感覺不到十秒鐘，卻能把我整個人嚇到驚醒！

夢的情節很簡單，就是有一群瘋狗，突然朝著我凶猛地衝過來，嚇得我整個人從床上跳起，全身冒冷汗。我記得很清楚，在清醒的那一瞬間，心臟跳得飛快，幾乎喘不過氣。當時我大約五六歲，受到這麼大驚嚇，當然很想哭，但媽媽已經睡著了，我不想吵醒她，只能乖乖躺回去，心臟卻依然撲通撲通地亂跳著，難以入眠。

那時候，因為每晚都會做噩夢，我討厭、害怕睡覺，但睡覺也是唯一能從爸媽的怨恨與爭吵中脫身的時刻，只不過睡著之後就會有噩夢。想想看，連大人都不喜歡做噩夢了，何況是一個五六歲的小孩，而且還是天天。這真的很恐怖！年紀還小的我，就這樣陷入了日不安寧、夜不安眠的內心交戰中。

雖然如此，我從來沒跟爸媽提過天天做噩夢這件事，就算爸媽問我有沒有做噩夢，我恐怕也不會告訴他們，因為我不想讓爸媽擔心。

不過奇特的是，自從媽媽再婚，我有一個和諧的家庭後，就再也沒有做過噩夢了。真的，再也沒有！

走出陰影

到現在，我已經十幾年都沒做過噩夢了，我得承認，能走出過去的陰影，除了目前的家庭和樂之外，也和我的信仰（基督教）有很大的關係。

信仰之所以能夠給我那麼大的力量，是因為它教導我並讓我感受到，我是一個被愛的孩子，我不需要獨自承擔沉重的壓力。它不是我應得的，而且有一個愛我的祂願意為我分擔，我可以將我所有的憂慮交託給祂！

我相信其他宗教同樣能帶給世人慰藉。我也誠心期盼，天底下的父母都能給兒女足夠的依靠，即使婚姻走到終點，也能讓孩子清楚知道他們是被愛的，承受的壓力有人分擔。千萬不要讓孩子覺得這一切是自己的天生宿命，是他們應得的，要讓他們知道情況會好轉起來。

我的六個家

從小到現在，我總共搬過五次家，意思是說我住過六個地方，而且在我七歲以前，就搬了四次家。

我們在第一個家住不到一年就搬走了。第一次搬家在我不到一歲的時候，所以我對此毫無記憶。

第二個家：恐怖的鬼屋

關於第二個家我就記得了，我在這裡大約住到五歲。許多小時候的回憶大多在這裡發生。

記憶中這個房子很大，是獨棟三層樓，有遊戲室、透天陽台還有院子。

但因為房子位在山上，屋齡又很久了，所以室內非常潮濕，處處都是壁癌、油漆脫落的痕跡，陰森森的，無法給人一個家該有的安全感與溫馨！

我當時覺得這個家很可怕，每天都不想回家，寧願待在爸爸的公司，雖然無所事事，至少公司裡有很多人可以陪我，我才不會害怕。還記得住在這個家的時候，半夜想喝水都不敢走下樓；每次要打開房門進去時，彷彿就會有可怕的巨型蜘蛛或是殺人魔從房間裡跳出來；樓梯間掛著一幅畫，畫中擊鼓跳舞男女的眼睛也總是直盯著我……。

這就是我當時的感受，也許聽起來很詭異，好像是小孩子會有的胡思亂想，但我知道不是。因為我在第四個家，從來不會有這種幻想，家中的畫像也不會讓我害怕！

第二個家，在潮濕、破舊的房子中，有爭吵不休的夫妻、驚懼害怕的孩子，就像籠罩在一團黑幕中。站在外頭的馬路上，似乎就能感受到這棟房子散發的陰暗氛圍。

這個家在我心中留下揮之不去的陰影。不久前，我終於鼓起勇氣，找朋友陪我一起回去看看，也想印證當時的記憶。聽說這個房子被建商買下，四周也圍了起來，不過因為太久沒人整理，院子裡一片荒蕪，雜草都長得比圍籬還高。

陪我來的朋友，一看到這棟房子立刻倒退了幾步，直呼感到莫名的恐懼，就像日本漫畫裡的鬼屋，人隨時都會被吸進去一樣。然而奇怪的是，旁邊的幾棟房子也是類似的格局，不僅毫無異樣，甚至還讓人覺得溫馨可愛！

媽媽說她幾年前也回去看過。她的反應比較大，一看到這棟房子，一大堆可怕的回憶就了湧上來，擋都擋不住，讓她不由自主哭了起來！

第三個家：小巧、溫馨的避風港

在爸媽離婚後，爸爸把他以前買的一間小房子給媽媽和我們姊妹住，由媽媽照顧我們。

那是我的第三個家。第三個家真的很小，只有十坪，屋齡也很高，裝潢非常老舊，以土綠、磚紅、釉黑三色搭配，雖然房子住起來不怎麼舒服，卻很溫馨、很有安全感。

我覺得小孩子大多是敏感的，當我遠離了之前那個令人覺得壓抑、不愉快的空間，來到一個新環境，感受馬上就不一樣。這是假裝不來的，第三個家明明很破舊，但遠離了爭吵，給人溫馨與安全感，讓我會想回家。

不過，這第三個家只是我們母女三人暫時的住處，過了不久，媽媽就把我們帶到了第四個家。

第四個家：幸福美滿的印象

第四個家一樣很小，差不多十二坪左右，但裝潢比較新也比較簡單，主色是米黃和象牙白，客廳地板鋪了磁磚，房間鋪了木頭地板。這房子給我的印象是幸福、美滿，也是我目前為止最喜歡的房子。

在第四個家時，繼父已經開始和媽媽交往，兩人相處非常和諧，我也覺得很開心。住在這裡的每一天，幾乎都是一樣的。下午四點下課，媽媽接我們回家後，我和姊姊寫功課、媽媽煮泡麵，到了六點鐘，我們母女三人擠在沙發上，配著泡麵，準時收看哆啦A夢！

我是一個極度討厭一成不變的人，嚮往充滿變化的生活，當時的我卻覺得非常開心！現在回想起那段時光，還是特別懷念。

那個房子的溫馨指數簡直破表，當時我和姊姊睡一起，因為是屬於過渡期，所以媽媽沒有買床給我和姊姊，儘管是打地鋪，我每天晚上都睡得很香甜，一夜無夢。

不到半年，繼父和媽媽結婚了！他們買了新房子，於是我又要搬家。有意思的是，之前提到搬了那麼多次家，過程我完全沒印象。我只記得這次搬家，我很興奮，甚至還不懂裝懂地跟著大人留意路邊房仲公司的廣告！

第五與第六個家：平穩安定的生活

到了第五個家，終於算是安定下來了。爸爸媽媽的離婚官司塵埃落定，家庭經濟也穩定了。但因為新家住著來自兩個不同家庭的人，剛開始會有一些稜角需要磨合，難免發生摩擦與爭吵。大部分受到衝擊的是媽媽，媽媽心情的起伏多少影響到我對這個房子的感受。

我們在這裡住了差不多三年，但在第二年時，媽媽懷孕了！這個房子實在裝不下更多人，而每個孩子也都在成長，於是只好再一次搬家。一如先前提到的原因，我對第五個家確實沒有特別深厚的情感，搬家也沒覺得有什麼不捨。

來到了第六個家，也就是現在住的房子。我在這裡住了最久，到現在已經十一年了。雖然它不是最溫馨的，但讓人很有安全感。我想是因為母親和繼父穩定的婚姻，讓我對這個家產生信任感。這裡是我在孤單、難過的時候，想回去的地方，它絕對是我心中百分之百的家！

瑪那熊心理師的家庭觀察

「家」一向是我們文化中最受重視的一環。家的組成，包含了空間與生活其中的人，並共同影響著孩童對家的感受與印象。家人間的情感關係、互動模式幫助孩子發展出對世界、他人的安全感，以及自我概念與人際習慣，在親職教養領域一向受到關注。然而從可心的故事中，可以看到「環境」也會影響家在孩子心中的形象。在心理學家馬斯洛（Abraham H. Maslow）所提出的「需求層次論」中，人類的需求如同一個金字塔，由下而上分別為：

「生理需求」：水、食物等人們賴以生存的需求；

「安全需求」：免於恐懼、避開危險或被剝奪的需求；

「愛與隸屬需求」：如人際間互動、團體歸屬感、友誼、親情等需求；

「自尊與尊重需求」：自信、自我認同、受他人尊敬與肯定等需求；

「自我實現需求」：發揮個人潛能、達到目標理想的需求。

馬斯洛認為，唯有滿足下層需求後，才有機會往上攀登，讓上一層的需求得到滿足。在第二層的安全需求中，除了父母的保護與照顧，家的硬體設備也能幫上忙。除了建築物本身的堅固安全外，運用柔和色調裝潢、充足的採光與照明、花點心思在家具的選購、擺飾，都有助於打造出讓孩子感到舒適溫馨、自在放鬆的家。而我相信，這對於父母本身的壓力舒緩、情緒穩定也有所裨益。

父母也需要安慰

在爸爸媽媽離婚的期間，大部分時間陪在我身邊的，只有姊姊一人。雖說有姊姊陪伴，在很多事情上比較有個依靠，不會那麼孤單，但無論如何，姊姊也只比我大一歲，遇到了一些事情或問題，根本不知道如何處理，有時候還會因為姊姊比我懂的多，受到更大的壓力，情緒更難平復。

但話說回來，我還是很慶幸我有一個姊姊，至少每次傷心難過時，還能安慰自己：「有個人和我一樣！」

那些話，給我信心與勇氣！

現在仔細回想，在爸媽離婚的低潮期，每當有叔叔阿姨拍拍我們，告訴我們：「妳們真的很棒！很堅強！」瞬間就會有股力量在我心中迸發。或許是自我暗示起了作用，這些話確實給了我信心與勇氣！

當然，那段時期爸爸媽媽也沒忘記鼓勵、安慰我們，但似乎都不及其他親友有效。原因很可能是在當時的想法中，爸媽是造成我們傷心的源頭。當事情都已經發生了，爸爸媽媽還來跟我們說：「對不起。」「加油！」「你們很棒！」感覺就有點像「先賞了你一巴掌再跟你說對不起」似的。我們甚至也會覺得爸媽說這些話關心我們是應該的，畢竟我們的難過是他們造成的。

不得不說，這些事後安慰的話還是很重要，因為即使爸爸媽媽在表達時，我們可能沒有反應或是一臉無奈，但我們能感受到，爸媽是因為愛我們、在乎我們，才會說這些話的！

有時想想，如果角色對調，變成我和姊姊在爸媽吵完架後，告訴他們說：「不要難過。」「你們在我們心中還是最棒的爸爸媽媽！」我相信這些話同樣會讓他們深感無言，但也有可能改變很多事情。例如，讓父母對於自己的某些行為或態度感到羞愧，或是讓他們冷靜下來自我反省。

可惜，當時我們年紀太小，不夠成熟，遇到爸媽吵架時，我跟姊姊害怕難過都來不及了，怎麼可能想到要如何反應比較好。但在這裡，我要把心裡的話告訴爸媽，就算你們為了種種原因發生衝突和爭吵，身為孩子的我們也不會因此就討厭你們，我們還是很愛你們，只是當時年紀小，不知道怎麼安慰你們才好。

回憶過去，我突然有個疑問——當時曾經有人像安慰我們小孩子一樣去安慰爸爸媽媽嗎？安慰這兩個長期被婚姻折磨、禁錮著，有如困獸般找不到出口的大人？

大人也有脆弱的時候

我想應該是有吧。畢竟爸爸媽媽各自都有親友支持著他們。不過，在大多數旁觀者的眼中，大人理所當然應該堅強，而且結婚、離婚也都是自己的選擇，隨便想想，都有千百萬個理由不需要安慰或鼓勵。

當然，沒有人希望婚姻失敗，就像沒有人自願經商失敗一般，更何況很多婚姻中還有孩子，和經商失敗比起來，那種挫折往往是加倍的！

我相信，當時如果有人能適時給予爸媽一點鼓勵或安慰，哪怕只是一句「你辛苦了！」想必都能帶給他們信心與力量，或許還會因為知道自己是被人了解的，而能以平靜的態度面對婚姻問題。

寫到這裡，多麼希望可以搭上時光機器，回到爸媽離婚的那段日子，我一定要在爸媽難過時，輕拍拍爸媽的頭，貼心地安慰他們，謝謝他們為我們著想。

瑪那熊心理師的家庭觀察

在婚姻觸礁、衝突，到決定分開、處理種種手續的冗長過程中，孩子容易受到親友眾人的關注與關心，但身為當事人的夫妻往往也遭遇壓力與負面情緒，且較不易有個出口。在依戀理論中，成人用以依靠依賴、宣洩情緒的依戀對象通常是愛情中的另一半，但如今這個對象卻是即將離去的人，一時半刻自然陷入情感漩渦中。

然而，人們除了另一半外，親戚朋友、父母長輩都可能是我們的依戀對象。請靜下心來，問自己若想找位可以信賴、能給予回應的人，腦海中會浮現出誰的影子呢？若找到的這個依戀對象，安排個時間與對方聊聊吧！別被「家醜不外揚」、「有淚不輕彈」的傳統觀念綁住，離婚與「家醜」並非等號，當你已經累積許多壓力與重擔，何妨向適合的對象傾訴，讓對方給你一些支持呢？

反過來，若你接到親朋好友的離婚消息，甚至是對方主動找你聊聊時，該如何因應？請留意避開以下兩種句子：

1.「別想太多」＝「你的感受不重要」

對方願意找我們聊婚姻中的挫折，可能是經過一番掙扎，實在需要抒發管道才忍不住說出來。當我們說「別想太多」時，會像是賞了對方一巴掌，讓對方覺得我們在說「你的感受不重要」，而被澆了一頭冷水。

2.「你／妳應該這麼做……」＝「你／妳就是不夠好」

我們的文化不鼓勵成人傾訴情緒，也讓我們習慣用理性來處理生活中的難題。但當我們太快講道理、評是非、給意見，想盡快幫對方解決問題時，卻也會讓對方覺得「好像都是我的錯」。結果，對方不但無法收下你努力想出來的建議，心情還可能變得更差！找解決方法不是不重要，但當人們受到挫折、委屈，處於負面情緒時，會希望先得到的是關心、包容、鼓勵；「情緒宣洩」永遠優先於「事件解決」或「檢討對錯」。

聽到訴苦時到底該怎麼辦？不妨嘗試以下三種簡單因應方法：

1.專心聆聽

別滿腦想搶話、發表意見，先好好聽對方說話吧！當面互動時可穿插「嗯，嗯」或點頭，讓對方的情緒可以透過訴說得到宣洩。更何況，了解事件全貌能幫助你之後給出更精準的建議。

2.簡單提問（發生什麼事、後來呢、那你怎麼回）

別安靜過頭完全都不說話，透過簡短問句可讓對方描述更多故事，讓你更了解情況，也能讓對方愈說愈多，繼續抒發情緒。

3.附和（怎麼這樣？真的嗎？真的會滿難過吧？）

所謂情緒優先，說穿了就是當對方想討拍時，你別急著講道理。請先以同理的角度回應，這會讓對方覺得「你跟我是一國的」、「你站在我這邊」，而更願意與你分享、讓你更靠近。

等到對方情緒逐漸和緩，你也了解來龍去脈、事情經過後，這時才開始分析局勢並共同發想解決之法，以收事半功倍之效果。

第二部

我的重組家庭

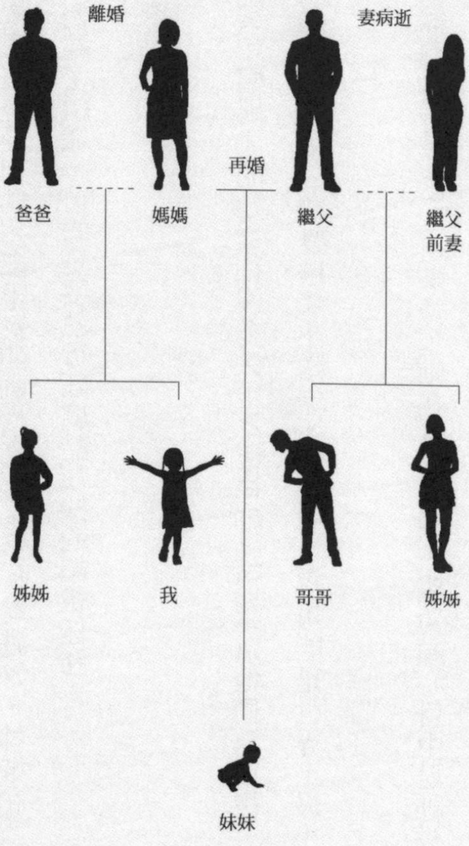

參加媽媽的婚禮

小時候，應該是受到某一部電影的劇情影響，Angela 姊姊、姊姊和我曾經成立了一個祕密組織，目的是要執行狂霸酷炫拽的超級任務。

邪惡的祕密組織

當時繼父和媽媽才開始交往沒多久，Angela 姊姊提議以他們為目標，我們的祕密組織成為一支「戀愛破壞小隊」。說起來，它可能是世界上最小的邪惡組織。

這個組織的首腦是 Angela 姊姊，她在我們兩個小蘿蔔頭心目中是神級般的人物。組織成員只有我和姊姊，我們的行動準則就是無條件奉行 Angela 姊姊的指示。此外，我們還為這個祕密組織取了一個名字，不過我已經忘記叫什麼了，總之我們都覺得很酷、很炫！這件事完全可以證明我們受到電影和Angela姊姊的影響真的很大！

當時Angela姊姊和姊姊都在上學，與繼父、媽媽相處時間最多的人是我，所以幾乎都是由我負責整個計畫的執行。然而，身為「邪惡組織」成員的我，內心其實是非常希望繼父跟媽媽在一起的，因此每當另外兩位成員不在時，我都會違反組織盟約，暗中助長繼父和媽媽的感情。

於是，這個邪惡組織在成員消極怠工與暗中反叛的作用下，成立不到幾個月就宣告瓦解。因為繼父和媽媽要結婚了！在組織解散之前，Angela姊姊眼看繼父和媽媽的關係發展穩定，應該很快就會結婚，組織瓦解的日子，恐怕即將到來。所以她決定和媽媽「談判」。

Angela姊姊對媽媽說：「你們要結婚，沒問題，但要答應我們一件事情！你們一定要給我們生一個寶寶，而且是男生！」（因為家中女生比較多）媽媽聽了，忍不住笑出來。當時她對 Angela 姊姊說：「我年紀已經很大，不太可能再生寶寶了。」不過，幾年後，媽媽還是為我們生了個妹妹！

表達方式不同，祝福相同

很多人問我，參加自己老媽的婚禮有什麼特別的感覺？坦白說，也許當時年紀還小，我並沒有什麼特別的感想，姊姊也是一樣。

媽媽和繼父交往半年後決定攜手共度人生，從求婚到結婚典禮只有短短兩個月，所以基本上試婚紗、拍婚紗照、籌備婚禮喜宴等工作，都必須在極短的時間內完成。媽媽和繼父兩個人十分積極準備，希望整個婚禮能夠圓滿進行。

儘管當時年紀還小，但我記得整個過程中，耳邊不時會傳來周遭人談論媽媽和繼父的流言蜚語。有些年長者對「再婚」不太能接受，有些根本是愛說人長短的三姑六婆，也有比較年輕的人不懂事理，人云亦云。

其實對於這些不是很悅耳的評論，我並沒有太大的情緒反應。我想這是因為自己見證了媽媽與繼父的交往，已經很熟悉繼父的存在。況且我和姊姊都很喜歡繼父，也對他有信心，看到他們結婚，覺得是水到渠成、理所當然的事，我們並不介意外人是什麼看法。

婚禮當天印象比較深刻的，就是外公外婆還有繼父爸媽的表情。那一天，四位長輩都有出席，但或許因為男女雙方是再婚，四位長輩都顯得特別客氣，也很拘謹，又或許與許多出席婚禮的來賓不熟識，所以相當沉默。但我相信，他們的出席表達了對媽媽與繼父滿滿的祝福，他們的心意，年紀小小的我確實感受到了。

我覺得再婚需要很大的勇氣。媽媽和繼父經過慎重思考後決定步上紅毯，不管別人怎麼看這件婚事，家裡的長輩以及我們這些孩子，都抱著相同的心情與期待，為他們獻上了最誠摯的祝福。

瑪那熊心理師的家庭觀察

雖然我們都希望婚姻穩定長久，但當雙方相處出了狀況，最終也可能走向分開。離婚不代表「婚姻失敗」，若兩人經過努力、尋求各種資源後仍難以彌補鴻溝，結束這段感情也代表讓彼此開展新的人生旅程。

隨著離婚率的上升，尋求第二春在台灣也愈來愈普遍，早期社會對此多會貼上負面標籤，但其實依照前述的依戀理論來看，人們本來就傾向找尋一位伴侶，做為生活避風港、心靈支柱。結束一段婚姻後，若想尋找更適合的對象相互扶持、生活，以心理健康的角度來看是正向的。以我自身合作的婚友平台來說，也有不少會員是為發展第二春而來，且的確再度踏入另一段幸福婚姻中。

若您或身邊親友屬於尋找二春的族群，有幾點建議：

1. 先整理好上一段婚姻

不只是法律、關係上的處理，更重要的是「自己是否準備好進入下一段親密關係」。關係的結束，往往帶來許多複雜的情緒，例如失落、難過、遺憾、悔恨、鬆一口氣等，甚至可能勾出我們過去在愛情或原生家庭中的心結、傷口。在自己尚未穩定平靜時，若急著追尋下一段關係，很有可能重複了過去負面的愛情經驗，或是再度遇上「爛桃花」而影響生活。不妨透過心理諮商的幫助，整理、覺察自己在婚姻關係中的樣貌，找出盲點並調整，做好進入下段關係的準備。

2.重新釐清自己的愛情觀

我們對婚姻的想像、對伴侶的期待，深刻影響了我們會找到怎樣的對象。在結束關係後，恰好是個重新思考自己想要怎樣對象的機會。「希望另一半擁有哪些條件？」、「希望對方具備什麼特質？」、「想要怎樣的互動模式？」等問題，都可協助您更加聚焦自己的擇偶條件。當然，同樣推薦藉由心理師的帶領、晤談，深入了解自己設定哪些條件、為何選擇這些，並可依照過去的婚姻、愛情經驗，調整原先的條件，讓自己與更適合的對象進入關係。

3.與孩子認真討論

尋找第二春的朋友們，有些會擔心孩子的感受而善意隱瞞，但其實找機會與孩子認真討論是重要的。可以先從分享自己的心情開始，讓孩子了解為何您想找下一段愛情，或是逐漸認識您目前的對象，留意別在孩子沒有心理準備的情況下，就立即來個「雙方相見歡」。對孩子來說，當自己的父母離開對方，與另一個人發展新的關係，也可能陷入兩難的情緒。曾有位個案在母親離婚、結交新男友後提到：「我如果支持她，感覺像是『背叛』了爸爸，但，我也很希望媽媽過得幸福。」

孩子的心情如何、能否接受或抗拒，是您需要與孩子聊一聊的。這能讓他們感到「自己是被母親（或父親）重視」，並參與「新家庭」的形成。這個過程急不得，尤其若孩子剛開始無法立即接受，更需要多讓他們說出自己的心情或困擾。但，我們也不用一開始就預設立場，認為孩子會抗拒、反對。我在婚友平台遇到的會員裡，也有不少是子女鼓勵爸媽來尋找第二春的呢。

我們就是一家人

不知道為什麼，很多朋友聽到我家是重組家庭的狀況之後，都很好奇我和非親生哥哥姊姊的關係如何。

我還記得當初認識Daniel哥哥和Angela姊姊那一天的情景！

當時繼父和媽媽正在交往中，我才小學一年級，姊姊二年級，Angela姊姊國一，Daniel哥哥國二。那天下午媽媽對我和姊姊說，要帶我們去認識一個大哥哥和大姊姊，他們人很好，是叔叔（媽媽再婚前我們都叫繼父叔叔）的小孩，我們一定會喜歡他們。

與兄姊的第一次接觸

媽媽帶著我和姊姊走到繼父家附近的公園，從遠處就看見一對大哥哥大姊姊正溜著直排輪，實在是帥氣極了！我和姊姊迫不及待想認識他們，同時也留意著自己的言行舉止，希望這對大哥哥大姊姊不要覺得我們很遜，會喜歡跟我們玩。

至於這第一次的會面是怎麼結束的，我已經不記得了，印象中他們兩人直排輪溜得非常好，在小學生的眼中就像明星一般神氣，一舉一動都令人崇拜！這是我對 Daniel 哥哥和 Angela 姊姊的第一印象，當時完全沒想到在不久之後，我們會變成一家人。

媽媽和繼父從交往到結婚的這段期間，我們和 Daniel 哥哥與 Angela 姊姊並沒有常常見面，畢竟住的地方有點距離，他們忙於課業，然而我們每見一次面，就更認識彼此一點，也更習慣彼此的存在。

後來得知媽媽要和繼父結婚時，我們四人的關係也沒有什麼特別的變化，依然持續著漸漸熟悉的狀態。我們在一起時，也會聊到繼父和媽媽，說說一些輕鬆的小事。

後來，我們搬到繼父家樓下，那段時間在我的記憶裡，沒有一絲不開心，一切的一切都好完美、好溫馨。而我們和 Daniel 哥哥與 Angela 姊姊經常樓上樓下互相串門，相處的時間也變多了。半年後，媽媽和繼父步入結婚禮堂。

只有彼此的家庭旅行

最令我印象深刻，增進兄妹關係最多的，就是我們一家六口的一趟澳洲自由行。長達兩個禮拜的旅行帶來很大的助益，可以說是家庭感情增溫的重要里程碑。

兩個禮拜的時間，我們和剛成為家人的爸爸、哥哥、姊姊一起出遊。因為我們小孩子的語言能力還無法與外國人交談，身邊也沒有認識的同學朋友，於是這次旅行，就成了我們一家人的「第一次親密接觸」。

原本我們遇到了大小問題，都只敢向自己親生爸媽求救，但是在澳洲期間，繼父和媽媽一下子要照顧四個孩子，常常其中一人正在忙或剛好不在身邊，我們就得硬著頭皮、害羞的找那位「還不熟」的家長來幫忙。

而且在澳洲遊玩時，不論到哪個景點，車程少說都要一個小時，我們就在這許多至少一個小時拉車的過程當中，聊了好多好笑的事情，說了好多從前從沒說過的話，玩了好多無聊卻可愛的遊戲。

很多的隔閡，就在一個玩笑、一場遊戲之中消失了！在這兩個禮拜的澳洲自由行中，我們只有彼此，沒有別人，像是被迫時時刻刻膩在一起，但也因為如此，每一個成員開始慢慢認同這個家，從中找到歸屬感，也認定自己就是新家庭的一分子。

學習跨越，讓溝通無礙

媽媽和繼父結婚大約半年後，我們又搬了新家。這時我們已很習慣彼此，儘管在某些事情上還是會有些彆扭，但都在慢慢的磨合中。之後家裡添了位新成員——小我十歲的妹妹，她的出生，讓我們兄妹全都興奮的飛上天了。

我們的重組家庭生活，確實存在一些不容易跨越的障礙，好幾次引起家人之間的尷尬、不開心，但我們也從這些事件中學習，努力為這個不一樣的家，找到平衡點。

隨著我們慢慢長大，各自因為求學和工作的牽絆，相處時間逐漸變少。後來，哥哥姊姊也都搬出去住，見面的機會就更少了，但我們還是會偶爾聊聊 Line、傳傳貼圖，雖然不一定是聊什麼有營養的內容，卻代表我們心中依然關心、記掛著彼此。

我和 Daniel 哥哥與 Angela 姊姊的相處，說起來或許沒有特別親密、特別要好，但當我們和別人聊到自己的兄弟姊妹時，我們都會大方介紹彼此，從不避諱說出我們之間不一樣的關係。因為，縱然我們身上流著不一樣的血，我們就是一家人！

瑪那熊心理師的家庭觀察

大部分的人在進入新的團體時，有緊張、焦慮、好奇、困惑等情緒都是極為自然的，例如轉入新的班級、學校或是到新公司、新工作場域。

當兩個家庭結合，孩子需與其他「家庭成員」共同生活在同一屋簷下，自然也會面臨這些情緒，不知如何與對方互動。可心很幸運地因為大人的用心，而順利度過了這段磨合期，這段經歷也很值得其他重組家庭參考。

首先，孩子的思考能力、適應能力與成人不同，過急的劇烈改變很可能讓他們不知所措、無所適從。

文中可心的母親採取循序漸進的方式，讓兩個女兒先接觸未來的父親，熟悉度增加後再介紹「大哥哥、大姊姊」。選擇戶外情境（溜直排輪），不但避免排排坐、大眼瞪小眼的尷尬，也讓四個孩子在玩樂中認識彼此。

當然，這類的「相見歡」也可以在室內，重點是由大人規劃、營造出輕鬆自然的氣氛。若孩子剛開始不自在、怕生，也別急著將他們推到前線，以免壓力過大形成反效果。不妨運用破冰活動、有趣遊戲、合作型桌遊來增加彼此交集。

文中另一值得我們參考的是「透過旅行拉近距離」。旅行是一種休閒娛樂，本質上就已經營造了輕鬆有趣的情境；另一方面，異國自助旅遊帶有冒險元素，又讓成員需要在旅程中相處、合作、關照彼此。這種「一起完成任務」的過程，有助於團體凝聚力的形成，不只讓成員熟悉彼此，更對新的家庭產生認同感與歸屬感，孩子能漸漸從「我」的概念擴大到「我們」。

不論自助或跟團旅行，成功關鍵在大人們透過安排，讓成員在旅程中「覺得刺激但又有安全感」。當然，家庭旅遊的重點不是跑多少景點、拍多少照片，而是讓家庭成員增加互動、一起解決旅途挑戰。因此，從事先的規劃、安排，父母就可以讓孩子共同參與、支援，並多給予他們鼓勵與肯定。

媽媽不只是我的

在我小學三年級的某個星期天，媽媽和已滿十五歲、剛上高中的 Angela 大姊吵架了！打從新家庭組成以來，整整三年的時間，或許是因為「不好意思」，媽媽和 Angela 姊姊幾乎沒吵過架，因此當時的我非常震驚，感到不知所措。

已經不記得當天兩人為什麼吵架，總之吵完一兩個小時後就和好了。平時，若是我或姊姊和媽媽吵架，媽媽都會在事情過去後，抱抱我們以示和解，這次和 Angela 姊姊吵完架後，媽媽也主動張開雙臂抱抱她。

就在媽媽抱住 Angela 姊姊的那一刻，我突然有一種說不上來的不平衡情緒湧上心頭，心想：「媽媽怎麼可以抱她，她又不是媽媽的女兒！」下一秒，我意識到自己潛意識中竟然冒出這句話，馬上罪惡感爆發，迅速收回如此的想法。

分享母愛

那一整天，我所有的思緒都圍繞在「為什麼我會出現這種想法？」的問題上。想著想著，突然有一個畫面浮現腦中，那就是在爸媽離婚前，媽媽每天早上哄著我和親生姊姊起床的畫面。

每天早上，媽媽都會到床邊搖搖我們，親一親、摸一摸我們的臉頰，用半扶半抱的方式，把我們從床上拉起來。若時間不緊迫，媽媽還會在床上逗一逗我們，和我們玩一陣子才把我們拉下床，再拖著我們故意裝作無力、軟趴趴的小身體去刷牙洗臉。

一段段甜蜜的回憶接連浮出腦海，我的嘴角也不自覺的上揚。接著，我想到這個新家庭中的 Daniel 哥哥和 Angela 姊姊，因為親生母親過世，再也沒有機會和她有如此甜蜜的互動，我的心不禁揪了起來。

自從媽媽再婚，我常感受到媽媽會刻意在一家人面前減少與我或親生姊姊接觸，例如，走在大馬路上，媽媽寧可一個孩子都不牽，也不願牽我或親生姊姊，或是在吃飯時，媽媽總會搶著坐在 Daniel 哥哥和 Angela 姊姊旁，避免與我和親生姊姊同坐。

剛開始，我無法理解為何媽媽要這麼做，甚至會對媽媽生氣、埋怨，但就在這些與媽媽相處的甜蜜回憶湧入腦海時，對於媽媽如此的行為，我心中似乎有了答案。我了解媽媽是希望透過和親生孩子的「保持距離」，緩和這個重組家庭成員之間的隔閡，更希望透過與Daniel哥哥和 Angela 姊姊的接觸，讓他們再次感受到母親的愛。

想到這裡，我嘗試將原本不平衡的心態重新調整一番，不再讓自己有想要獨占媽媽的想法，體諒媽媽與我和親生姊姊「保持距離」，甚至希望媽媽能多向 Daniel 哥哥和 Angela 姊姊展現母愛，因為我能體會媽媽的心意，更期望我們的重組家庭能夠幸福、緊密。

身為繼母，媽媽的角色實在很難當，母愛的拿捏過猶不及都不好，尤其當時 Daniel 哥哥和 Angela 姊姊兩人都處於青春期階段，有許多自己的想法，面對繼母「愛的攻勢」難免會有所防備，覺得不自在、不自然！

事實上，媽媽也知道，就算對 Daniel 哥哥和 Angela 姊姊做出再多的親密表現或甜蜜互動，仍然無法取代親生母親在他們心中的位置，儘管如此，媽媽還是想盡辦法去愛他們，並努力讓他們感受到。

消除莫須有的疙瘩

自從進入新家庭以來，我心中一直有個疙瘩，害怕 Daniel 哥哥和 Angela 姊姊會認為我們是瓜分他們父愛的外來者，因而對我、媽媽以及姊姊的出現帶有敵意。

這種想法在我國中時期尤其強烈。我當時之所以會有這樣的想法，大概是因為繼父是這個家唯一的經濟來源，而我們的出現，無疑會造成家庭支出的增加。儘管如此，這麼多年來，我從未看過、聽過 Daniel 哥哥和 Angela 姊姊或繼父對此有任何抱怨，媽媽也不曾透露出類似的顧慮。

直到有一天，我偶然從 Angela 姊姊口中聽到：「妳知道阿姨（Angela 姊姊這麼稱呼媽媽）出現之後，為我們家省下多少錢嗎？」Angela 姊姊當時的表情既感激又驚奇，我這才知道，原來 Daniel 哥哥和 Angela 姊姊確實感受到媽媽對這個家的付出。

媽媽的出現並不是來享用這個家庭的資源，她和繼父一起創造了更多的資源！雖然媽媽再婚後辭掉原有的工作，日子卻沒有因此過得比較輕鬆，反而擔下了整個重組家庭的大小事，以及繼父事業上的種種雜事。光這些工作，就讓媽媽每天忙得不可開交！

從那天起，我心中不再有如此的疙瘩，我明白一個家庭的幸福，是來自父母辛勤的付出，以及家中所有成員都看見、接受並感謝彼此的付出。我想，成功的婚姻就應該建立在付出與感謝的基礎上，而不是像我之前的想法，只從金錢的角度去計算婚姻的價值。

有話，請勇敢說出口

重組家庭中往往隱藏著一些說不出口的尷尬，或是對彼此的不了解，即使靠時間也很難改善。以日常生活為例，夏天時很多女生會在家裡穿件小可愛和短褲走來走去，但當家裡有繼父或非親生哥哥時，妳會這麼做嗎？想必繼父或非親生哥哥也會顧慮我們的觀感，而有類似考量吧！重組家庭，最需要的就是彼此的包容、了解和付出。

這話說起來很簡單，當隔閡還覆蓋在彼此心上時，實在很難做到像原生家庭般的契合。就像有一次繼父在餐廳點了一桌菜，其中有好幾道我不喜歡吃的，可是當繼父問我：「好不好吃？」時，基於「禮貌」，我還是回答：

「嗯！很好吃！」類似的情況不少。我自己也曾檢討過，其實應該試著坦誠告訴繼父我的喜好，而不是粉飾太平。

儘管已經是一家人，有時相處起來，還是會像室友，而非真正的家人，我們確實還有進步的空間。不過，這正是重組家庭的特別之處，我相信只要願意邁開腳步，拉近彼此的距離，哪怕只是一小步，這個家都會變得更加美好，更值得珍惜！

無法認同的親人

我們家五個小孩裡，Daniel哥哥與Angela姊姊和我異父異母，毫無血緣；最小的妹妹和我同母異父。

姊姊的抗拒

國小一年級時，我認識了Daniel哥哥、Angela姊姊，當時對於媽媽即將再婚的事，我有一點概念，但不怎麼清楚，只知道這個我很喜歡的叔叔（後來成為我的繼父）是媽媽的男朋友。姊姊那時大約七、八歲，或許是因為她年齡比我大、父母的離婚過程懂得比我多，個性也比較強，剛開始她似乎很難接受這突如其來的改變。

例如當媽媽與繼父還在交往階段，有一次姊姊碰巧在外頭撞見媽媽和繼父接吻，整個人像遭雷劈一樣，跌坐在地，甚至還在店家內大哭大鬧。相較之下，我就覺得很興奮，並為媽媽感到開心。也可能是我和姊姊的個性不同，所以反應南轅北轍，因為就連女店員幫媽媽試穿內衣，姊姊也會有類似的情緒波動。但不可否認，年紀漸長，對事情的了解愈多，心情上受到的影響也就愈大！

國二的某段期間，我坐在一個成績很好的男生旁邊。雖然我滿喜歡聊天，但下課時，這個男同學總是在埋頭苦讀，所以我們幾乎沒有什麼互動。

某一天的晚自習，可能是讀書讀累了，他突然和我聊了起來，聊著聊著，就談到彼此的家庭。我聽說他媽媽是單親媽媽，經濟條件並不優渥，但仍然想盡辦法，讓他念所好的私校。談話中，我小心翼翼避免這個話題。

不過，我倒是說起我們家兄妹之間的一些趣事，我講著講著，他突然打斷我，問我對於非親生兄弟姊妹的想法，我照實回答：「我們雖然沒有常常相處在一起，但感情都還算不錯！」

沒想到，他竟然表示很羨慕我，因為他完全無法接受他爸爸和第二任妻子所生的小孩。對他來說，這個孩子是個眼中釘，甚至是——孽種。就算打從心底知道，小孩子是無辜的，他依然無法正眼看這個孩子，總是忍不住想對同父異母的弟弟說出一些難聽的話。

不被接受的弟弟

「我很痛恨這種行為和心態，但我完全無法控制自己。」他說著，眼眶漸漸泛紅。我聽了很難受，想說點什麼安慰他，也擔心自己一下說太多，適得其反，只是默默地聽他傾訴。

他的爸媽和我的爸媽一樣，都離婚了，法院也將監護權判給他媽媽。在協議離婚的階段，他的爸媽和平地分開，看起來他似乎比我幸福。但是離婚之後，他的爸爸頭也不回地一走了之，不僅沒有支付贍養費，連幾個月一次的探視也未曾出現過……。

他的媽媽非常注重孩子的學業，就算向人借錢，也要讓他念到好學校。他的媽媽每天早出晚歸，賺錢負擔家計，償還債務。這位男同學在心疼媽媽的同時，也對爸爸產生了恨意。

後來他的爸爸另娶，直到婚禮之後，男同學才得知消息，他與爸爸第二任妻子的關係不好。對他來說，自從與媽媽離婚，爸爸就對他不聞不問，還間接造成媽媽工作辛苦，勞累不堪。爸爸再婚建立的家庭也與他毫不相干，在他充滿忿恨的心中，父親與第二任妻子生下來的孩子，不是他的弟弟或妹妹，也不是陌生人，而是——孽種。

我希望……

聽著鄰座男同學傾吐的心聲，我想像著他的處境。如果我的爸爸在離婚後，整個人從我的生活中抽離、消失，完全不關心我；繼父也把我當成一個外人看待，對我冷淡漠然。那麼，我想我一定也會跟這位男同學一樣，沒辦法接納爸爸和繼母或是媽媽和繼父再婚生下的孩子。

正因為我的爸爸總是不斷讓我感受到「他愛我」、「他渴望見到我」；繼父也將我視如己出，更不用說我還有媽媽的陪伴，我才能夠以平常心面對我的重組家庭，用對家人的愛，來接納、關心我的非親生兄弟姊妹。

在高離婚率的現代社會中，離婚後再婚的比例隨之增加，再婚後生子也是自然而然的事，我多麼希望，不管在過去、現在還是未來，成為爸爸或媽媽的人都能為自己的感情和感情的產物負責，而身為孩子的，也能有更多的包容與體諒。或許生命中許多事不能由我決定，但，態度可以，對吧！

天底下沒有一個孩子有責任背負父母感情的錯誤，但我相信每個孩子都願意為了父母，學習去愛另一個人，然而前提是，父母給予了我們足夠的愛。

瑪那熊心理師的家庭觀察

人與人之間經驗、想法的交流傳遞，是寶貴的禮物。透過與對方分享故事，不只拉近彼此的距離，也會產生「原來這世界不是只有我這樣」的感受，這種心理諮商中稱為「普同感」的元素，除了能幫助自己鬆一口氣外，也是團體治療中相當重要的治療因子之一。另外，聆聽對方相關的故事，也會引發我們的反思，重新審視自己的故事，甚至從中出現新的感受、觀點，如同文中的可心。

因此，若您的生命中有著面對自己或父母離婚、再婚、重組家庭的故事，不妨細細閱讀可心的故事，並在看完每篇章節後，也回想自己的經驗。若有什麼新的發現、想法，也將它們記錄下來，或是與熟識的朋友分享。

另外，若您有機會接觸相關的「諮商團體」、「探索團體」，也可以把握機會參與，透過心理師的帶領，分享自己並聆聽更多人的重組家庭經驗，對彼此都有所裨益喔。

家庭分享日

我曾好奇地問媽媽：「妳覺得我們這個重組家庭成功的原因是什麼啊？」媽媽想了想回答說：「應該是家庭分享。」當下我不太能理解為什麼媽媽會如此看重「家庭分享」，但經過一番思考後，我對媽媽的答案深感贊同。

「家庭分享」是我們家一項特別的傳統，它的初衷是想讓來自不同家庭的兩組人，有段特定的時間了解彼此，拉近距離。多年下來，它成了我們對這個家的承諾與認同。

從我小學開始，每週六的晚上十點，全家人齊聚一堂，分享這一週值得感謝的事。每一次分享大約兩個鐘頭，到現在已經持續十多年了！剛開始時，我們小孩子還不會有週六晚上的邀約活動，所以每一次的家庭分享我從不缺席。久而久之，參與家庭分享成為我生活中重要的一部分，總覺得如果少了家庭分享，那一週就等於白過了。

推掉朋友的邀約

因此，等到長大有朋友的邀約，不管活動如何有趣或吸引人，我都會盡量排開，把週六晚上十點後的時間保留給家人。偶爾週六與朋友聚會，也總是緊盯著手錶，一到九點半就結束；或者飯局後，當朋友吆喝著「續攤！續攤！」我都要悄悄地落跑。說起來，算是一種很掃興的行為。

一開始向朋友推掉週六的活動時，也曾顧慮朋友會不會覺得我很媽寶、太戀家，或被看成怪胎。有時甚至怕別人不相信我的理由，而不敢說實話，只能找藉口推脫。

然而當我長大，經歷的事情愈多，愈了解家人的重要，也對這個家更加認同。我開始真心重視家庭分享，並且能在朋友面前大方婉拒聚會邀約，或主動告訴朋友：「我家週六晚上有家庭分享，所以拜託請不要邀我參加任何活動。」我既然敢說清楚，當然就不用再找藉口或偷偷落跑了。

不過，還是有朋友認為我為了家人，捨棄週六黃金時段的玩樂很懦弱，但這個行為表現也讓朋友知道，我是一個重視家庭勝於玩樂的人。更奇妙的是，每一次在懷疑自己推辭邀約是不是個好決定時，那一次的家庭分享就會特別歡樂，特別溫馨。真是百試不爽！

這就是家庭分享珍貴的原因！當我願意為了它捨棄玩樂時，它的存在格外有意義。

學會珍惜與感恩

因為有家庭分享，生活中各種值得感恩的大小事，我都會特別記下來，迫不及待在週六夜晚與家人分享。這個習慣讓我經常充滿正能量，並能時時刻刻感到一股家庭支撐的力量。

當然，家人之間還是會發生不開心或有所爭執，到了週六晚上，我們仍得坐下來面對面分享，所有的不滿或憤怒，都有機會在週末夜得到化解、止息，不致於延燒到下一週。

至於我的另一個家——爸爸、姊姊和我，雖然沒有例行的家庭分享，但爸爸跟我們約定，一個月至少要有一次聚餐，三個人一起聊聊近況，關心彼此。我覺得固定安排一段專屬家人的時間，就像我們會分配多一點時間給自己喜歡的事物一樣，持續能為生活創造更多的美好！

瑪那熊心理師的家庭觀察

在文中，可心提到「家庭分享時間」的故事，甚至認為這是幫助新的重組家庭穩固、凝聚的主要原因。在依戀理論中，家人、伴侶都是我們身心得以依靠的避風港（依戀對象）。但有品質的依戀關係，意即穩定、具有安全感，需要三種元素的支持。

1.接近性（Approach）

我們會期待依戀對象願意讓我們更靠近他，這裡的靠近不只是身體，更重要的是心靈上的接觸。而「分享生活、心情與想法」就是增加接近元素的重要方法。當家人之間願意分享時，會滿足彼此的接近需求，而對關係充滿安全感。

2.回應性（Response）

意即希望依戀對象在我們發出需求訊號時，會給予正向回應。當家人想要靠近、主動分享自己時，你的用心傾聽、給予鼓勵及支持，甚至也分享自己，就是一種回應元素。這也會增加我們對關係的安全感、凝聚力。

3.投入性（Engagement）

也就是讓對方感受到，我們是認真看待關係，且願意投入時間精力與熱情。在可心的故事中，家人排除各種邀約行程，固定在每週的一個晚上團聚，就是一種投入性的展現。而這自然也會讓家人間感情更好、更安心。

從依戀理論的角度來看，不管是夫妻、親子或家人，只要在互動中製造出這三種依戀元素，就能讓關係更加緊密、穩定。讀者不妨將這三樣元素，帶進你與依戀對象的互動裡，營造關係中的安全感，讓彼此更靠近！

他們愛說什麼，就讓他們去說吧！

小學四年級時，有一次媽媽一如往常帶著我去參加教會每週四晚上的聚會。由於會場內禁止飲食，因此參加聚會的朋友們，大都事先在會場外吃晚餐。

那天媽媽牽著我走下樓梯時，看到廖媽媽和她的兒子，一位與我年紀差不多，名叫博宇的孩子，坐在靠近樓梯底端的椅子上吃晚餐。

一個不愉快的小故事

廖媽媽叮囑著博宇吃完他碗裡的飯菜，博宇反抗著說：「這飯都冷掉了，好難吃，我不要吃！」廖媽媽對博宇的任性感到很生氣，告訴他說：「不好吃也要吃光！這都是你爸爸媽媽辛苦賺錢買來的！」

此時，博宇剛好瞥見我和媽媽的身影，便提高聲量說：「這些東西算什麼，只要讓我媽再嫁一個有錢的老公，我就可以吃好的穿好的！」接著他轉向媽媽，不懷好意的說：「對吧！」

博宇這番酸話，媽媽確實聽到了。她心裡也很明白，小孩子會講出這種話，八九不離十是受到父母的影響，因此假裝沒聽清楚，回應他說：「什麼？」想給博宇一次機會。

廖媽媽看著博宇的樣子，知道他打算重複一次剛才說的那些失禮的話，連忙制止他。但是博宇完全不理會，自顧自又說了一次：「只要讓我媽再嫁一個有錢的老公，我就可以吃好的穿好的！對吧！」這回，博宇眼神堅定地盯著媽媽。

博宇的反應讓媽媽覺得又震驚又難過，沒想到這種話會從一個十歲男孩口中說出，況且看他的樣子並不懵懂。媽媽在博宇身旁停下了腳步，表情嚴肅地再問一次博宇，希望讓他明白自己說錯話了，但沒想到博宇神情不變，竟然打算再一次重複那段話。

這一回，博宇還沒來得及開口，坐在一旁的廖媽媽突然握住博宇的手臂，咬牙切齒地說：「你給我閉嘴！」博宇這才不再說話，但臉上依然一副理直氣壯、神態自若的表情。

由於那時我年紀還小，並不清楚記得這件事。這還是我長大之後，和媽媽閒話家常時聊到的。但是我知道，當年在爸媽離婚、媽媽再婚前後的那段期間，媽媽確實受到來自各方不小的壓力。

遇到流言蜚語，怎麼辦？

像是這種「閒言閒語」，我也經歷過。

在得知我的家庭結構不同，或我爸媽離婚這些事時，常有一些人會顯露出既同情又嫌棄的表情，雖然我自認為可以大方告訴別人自己的家庭狀況，但遇到這種情形時，我還是會感到憤怒。

小學時，曾經有一個老師在全班同學的面前問我有幾個爸爸，我當下直接回答：「我有三個爸爸，一個是生我的爸爸，一個是我的繼父，一個是我的天父爸爸。」

結果，下課後有好幾個同學跑來問我：「為什麼妳有三個爸爸啊？」「妳爸爸媽媽分開了嗎？」這類的問題，而我也能大方地解釋給他們聽，我並不怕來問我的同學，我比較怕那些斷章取義，然後再到處亂說的人。

國中時，就發生過同學得知我的家庭狀況後，用很不堪的言詞，攻擊、取笑我的父母。當時我真的覺得很不舒服、很生氣，我也一直在思考該怎麼處理類似的狀況？

每個人都有發言的自由，就算有些話涉及人身攻擊或毀謗，我也不宜當下直接開罵、回嗆，這樣只會顯得我沒肚量，或被人說經不起玩笑。當然，好幾次我心裡的小惡魔會跑出來，想用一些更尖銳的話攻擊對方，不給他們台階下，讓他們丟臉，但最後我都忍下來了。

我認為，我能做的就是提高自己的容忍度與耐心，想辦法不被他人的冷言酸語激怒，並用有智慧的話回應他們。可是，要講出能夠讓對方知錯，又給對方台階下的話，有時候真的很不容易。

生活中，難免會遇到喜歡閒言閒語或取笑別人的人。但無論如何，我都會告訴我自己，我現在過得很幸福、很快樂，他們喜歡說什麼，就讓他們去說吧！反正快樂的人是我，管別人怎麼想！

坦承自己的婚姻

宋阿姨是我爸爸的朋友。她在二十幾年前，和同樣未成年的男友發生關係，後來發現自己懷孕了。她的男朋友一知道這件事，就馬上離開她，完全沒打算負責。於是，宋阿姨選擇一個人生下女兒，並獨自扶養。

隱瞞造成的傷害

儘管當時宋阿姨還很年輕，在扶養小孩這方面，卻比旁人成熟、獨立。成為單親媽媽的她，在女兒芊芊三歲時，遇到了劉叔叔，兩人交往不久後結婚，婚後她生了一個兒子。

在芊芊的成長過程中，宋阿姨從來沒有告訴女兒關於她生父的事，以及當年自己未婚生子，她希望女兒能和其他孩子一樣無憂無慮地長大。因此芊芊一直以為自己生長在一個四口之家，而劉叔叔就是她的親生爸爸。

然而，每當芊芊對於家中某種曖昧不明的氣氛感到不解時，宋阿姨都只是含糊地帶過，結果卻讓芊芊對於這個家，產生了更多疑問，她想知道母親到底在隱瞞什麼。

紙終究包不住火，有一天，芊芊非常難堪地發現自己的身世。母親未婚生子，而自己就是那個孩子；劉叔叔不是她的生父，自己的父親另有其人，而她是這個家的外人。於是，長久以來，芊芊在家中感受到的那些曖昧不明的事情和態度，瞬間有了解答。

芊芊愈想愈憤怒，愈想愈難過，她不能理解，也無法原諒母親的隱瞞。就在真相大白的那一晚，她離家出走，不知去向。

芊芊離家出走之後，宋阿姨傷心欲絕，不停懊惱之前沒向女兒坦承，但是無論她再怎麼懊悔，都為時已晚。

聽說了芊芊離家出走的事，我感覺很難過，也意識到自家的情況。記得十年前，當我和姊姊得知我們快要有一個小妹妹時，就經常在想，等妹妹長大後，要如何解釋她和我們的關係，怎麼說明她的爸爸跟我們這兩個姊姊的不一樣，甚至開始擔心，如果某天妹妹問起：「為什麼我們的姓不同？」我們又該如何回答。

要不要說？怎麼說？

最後，我跟姊姊決定去問媽媽，想知道媽媽以後會怎麼跟妹妹說。媽媽聽了我們的問題，沉默了幾秒鐘，接著平靜地說：「就順其自然，誠實地告訴她吧！」

原本我跟姊姊都很擔心，一直想東想西，然而媽媽坦然的態度，大大安撫了我們的不安，也讓我們覺得：「對啊！又不是什麼難以啟齒的事，好好跟她說就好了。」

等到妹妹出生後，我才發現，最常提出這類問題的人，不是妹妹，而是周遭的人。因為在妹妹的成長過程中，我們經常會在談話中自然而然提到我們的爸爸是不同人。對於這類話題，我們的態度既不嚴肅，也不會讓她感覺到有什麼忌諱。最重要的是，媽媽會明白告訴妹妹——

「媽媽之前因為跟兩個姊姊的爸爸個性不合，所以離婚了，但這一切都已經過去了。而妳，是我和妳爸爸因為相愛，而生下來的孩子，我們都很愛妳。」

雖然媽媽說的這些話，妹妹可能早就聽到膩了，但我敢肯定，正因為媽媽對這件事採取開放、坦誠的態度，讓妹妹很早就明白其中的道理，所以從來不會因為這個家，或是重組家庭的手足關係感到困擾。縱然妹妹知道媽媽曾經離過婚，妹妹也從來不曾提出「爸爸媽媽會不會離婚？」這種疑問，因為她知道爸爸媽媽是真心相愛的！

瑪那熊心理師的家庭觀察

每個家庭都會發展出自己的獨特文化，包括明確的規則、潛在的默契，作用在成員間的日常互動、衝突或對外樣貌中。同時，家庭也會因為結構變化或成員因素，而產生若干「祕密」，就如同故事中芊芊的身世。很多時候祕密被知曉者極力掩蓋，但仍可能不知不覺間流露出些許線索，尤其成人容易低估孩子的敏感度。然而，我們不應迅速將「自私」、「欺騙」等負面標籤貼到父母身上，不妨試著同理他們「為何如此」，或許會發現這些隱瞞背後有許多不得已的苦衷。

掩蓋祕密的人，或許是害怕對孩子造成影響，又或許是不願再揭開過去的創傷，也可能擔心著逐漸穩定的生活又起波瀾。於是，父母選擇三緘其口，期待這些祕密永遠石沉大海，彷彿不曾發生過。但，在家庭中的長期朝夕相處，孩子仍可能逐漸感受到某種「氣氛」，或是抓取到一些蛛絲馬跡。當這些祕密最後用不恰當的方式爆開時，不但無法達到最初的善意，甚至可能讓事情往更糟的方向發展，或是對父母與孩子都造成更大的傷害，例如故事中芊芊對母親的不諒解。

因此，父母與其選擇「將祕密掩蓋」，不如更積極地思考「如何告知」。有兩個方向可以評估：

1. When 何時說

當父母要與孩子述說重要事情時，不只是需要安靜的地點、彼此精神充足的時間，更要考量孩子目前的成長階段到哪裡了？是否有足夠的思考能力可理解？何時是適合的時機，與父母要揭露的內容、討論的事情有關，雖然不能急於一時，但也提醒父母別永遠將孩子視為柔弱需要保護的，以免過多的擔心、緊張，讓祕密沒有攤在彼此面前的一天。

2. How 如何說

有些父母將往事說出的同時，不自覺地隱含著「你要原諒我」、「你要安慰我」的要求，這可能給孩子過大的壓力。家人之間最珍貴的感情之一，就是相互支持、陪伴的連結，然而也得考量到孩子處理負面情緒、他人需求的能力，以免讓他們在不知所措的同時還因此產生「無法幫上忙」的自責與罪惡感。另一方面，過於強烈地向孩子索取協助，也可能讓他們發展出超齡的照顧者特質（俗稱的小大人），而在人際互動中習慣以對方需求為優先，忽略自己。因此，在與孩子坦承「祕密」時，請留意勿將過多的期待有意無意傳達過去。

如同可心文中所述，不嚴肅、不避諱，而是溫和自然地攤開，會是較適合的方式。當然，若父母自身尚未準備好，不妨善用身邊的心理諮商資源，透過專業第三人的角度與討論做好準備。

感性才子爸爸 vs. 老實暖男繼父

許多同學或朋友知道我有兩個爸爸，最好奇的就是：「所以妳的零用錢是兩倍囉？」聽到這個問題常會讓我哭笑不得。當然，不可否認，零用錢是許多孩子關心的話題。

事實上，爸爸媽媽確實分別都有給我零用錢，但因為兩人知道對方會給，所以並沒有給很多，兩邊的零用錢加起來，也和大多數同學差不多。至於過年的紅包，同學或朋友以為我有兩個爸爸，就多了一邊親戚長輩會發紅包！這種事情在其他重組家庭或許會發生，在我家卻是不可能的！

首先，我們家有五個小孩，所以長輩的紅包預算都要除以五（這就足以讓我的紅包大縮水了）！此外，爸爸的兄弟姊妹長年在國外，我的爺爺奶奶已經過世了，而繼父的家人都住在香港，媽媽又是獨生女，外婆已不在人世，外公喜歡清幽，不希望被拜年打擾。

因此我們家小孩的紅包來源，基本上就只有爸爸媽媽，我的紅包不但沒有兩倍，可能連某些同學的十分之一都不到。我不是要抱怨紅包少，或是零用錢沒有別人多，我比較想談談和繼父一起生活這件事。

爸爸的過敏反應

儘管現代社會中，「繼父、繼母很邪惡」也許是童話故事裡的刻版印象，但對於繼父繼母的角色，一般人心裡還是有疙瘩，因為他們和孩子並沒有血緣關係。

我的爸爸非常信任繼父，也很清楚繼父為人相當正直、老實。然而，小時候每星期的父女見面結束時，當我們要和爸爸道別，他總是顯得十分不放心。爸爸倒不是擔心我們會被繼父「虐待」或怎樣，而是捨不得我們住在別人的屋簷下。

爸爸小時候就到美國讀書，有很長一段日子住在別人家中。他曉得寄人籬下有話說不出口的壓抑感，因此不希望我們也承受這種苦。

不過，爸爸因為自身經歷而過度擔心的反應，常會讓我覺得有點誇張。

上高中之後，有一回爸媽又吵架了。那段時間跟爸爸見面後，他對我和姊姊說：「記得以前有一次送妳們姊妹回去，快到家門口，妳們的繼父剛好走過來，就牽起妳們的小手帶妳們回去。當時，妳們回頭望著我的眼神，我永遠都忘不了。我知道妳們在那個環境中，壓力一定很大，受很多委屈……。」

我和姊姊聽到爸爸這段話，當下整個傻眼，本來因為爸媽又吵架而生氣的我們，差點笑了出來。爸爸實在是會錯意了！我想那天，我和姊姊並沒有試圖透過眼神，向爸爸暗示我們遭受委屈，他想像的那個心理活動並不存在。我們應該只是單純地轉身跟他說再見。爸爸會錯意的原因，可能是小朋友的眼神太天真無辜了吧！

繼父走進我們的生活

確實，剛開始與繼父一起生活，我和姊姊會覺得有些話很難說出口。相對的，Daniel 哥哥和 Angela 姊姊想必也因為媽媽的出現，在生活上感到不習慣或彆扭吧。不過這些年來，我們不斷學習如何相處，學習把心裡的話說出來。

其實早在繼父和媽媽交往的階段，我就接受繼父走進我們的生活。媽媽和繼父結婚後沒多久，我便主動問媽媽：「可不可以叫繼父爸爸？」我想，打從我叫繼父「爸爸」的那一刻起，心裡就認可了他成為我的爸爸，很自然的，跟繼父生活在一起不會有太多不自在的感受。

而姊姊的防備心本來就比較重，不管誰接近媽媽，反應都很激烈，就連內衣專櫃的小姐靠近媽媽，姊姊都會大哭大鬧。聽媽媽說，姊姊在她還沒和繼父交往前，對任何接近媽媽的男性（例如店員），都會特別抗拒，唯獨對繼父不會。原因是從小繼父就是我們家的家庭醫生，是很熟悉的對象，所以姊姊不會排斥他，只會擔心媽媽被搶走而已。

對姊姊而言，和繼父生活在一起的不自在感，並沒有持續太久，似乎在繼父和媽媽結婚後，姊姊意識到大事抵定，再加上繼父對我們真的很好，所以姊姊也慢慢習慣，開始叫了繼父「爸爸」。

理解爸爸的心情

我可以理解爸爸擔心女兒受委屈的心情，但我也想告訴爸爸：「在我們的人生中，不時會遇到有苦說不出或者是更大的委屈，但那些都是我們必須去克服的挑戰。所以，請爸爸不要太擔心或緊張，有時候，太緊張反而會帶來壓力，讓我們不敢把事情告訴你。」

在這裡，我也想向爸爸坦承，請求爸爸的原諒。我和姊姊欺騙了爸爸，我們很早就改口稱繼父為「爸爸」了。我們知道爸爸是一個極度感性的人，可能不容易接受，所以當我們被問到這件事時，我和姊姊就說了謊。無論如何，我想請爸爸放心，就算我們叫繼父「爸爸」，你還是我們心中最愛的爸爸！

雖然爸爸你常說，等我們過了十八歲就不管我們了，但我很清楚，你還是擔心得要命！因為你那一擔心就碎碎唸的習慣，早已洩露了一切。我能理解你對孩子永遠放不下心，但請千萬不要小看碎碎唸的殺傷力，那種反覆叨唸就像魔音穿腦一般，會讓人發瘋的！

有時候為了避免父母的擔憂與叨唸，孩子會隱瞞一些事情，就算真的發生了什麼事，也不敢告訴父母，這樣的結果可能更糟。所以，我會盡量做到不隱瞞、不說謊，鼓起勇氣把事實以及為何這麼做的理由告訴爸爸，也希望爸爸能夠理解。

爸爸常說，希望我們父女的關係像朋友一樣，這也是我的願望。我相信，我們能夠像朋友一樣信任彼此，無話不談！爸爸，假如有一天我真的受委屈了，你放心，我一定會立刻告訴你的！

瑪那熊心理師的家庭觀察

如可心文中所述，或許是受到童話故事或鄉土劇的「洗腦」，多數人對於繼父繼母有著「苛刻」甚至「狠毒」的錯誤刻板印象。又或者會認為，繼父繼母不可能如同親生父母般，願意照顧沒有血緣的子女，即使接受也會有大小眼之分。甚至，會出現「被繼父母照顧的孩子，發展會比較不好」的負面標籤。一個人的性格、習慣、能力、依戀特質等發展，與「主要照顧者」所提供的「照顧品質」、「互動樣貌」息息相關，而非其身分為親生父母或繼父母，且已有許多心理學研究探討過此領域。

也因此，若您本身為繼父母，請別因這些刻板印象而挫折，隨著社會多元化發展，這些負面標籤將愈來愈薄弱。更重要的，是您如何與孩子互動。「循序漸進」是重要的原則，可心因為與繼父原本就認識，所以較快接受母親與其再婚；然而若孩子無法這麼快將繼父母視為「新家庭」的一員，可與您的伴侶（也就是孩子的親生父／母）討論，讓對方發揮緩衝潤滑的功能，使您能逐漸走入孩子的生活中。

就以「稱謂」來說，若孩子不習慣太快改口「爸爸」或「媽媽」時，可讓伴侶去了解孩子的顧慮，並討論出暫時的叫法，而非勉強孩子。記得，重要的是繼父母與孩子之間的互動是否融洽、實質關係有無逐漸靠近，而非名義上的稱呼。

另外，在面對孩子的擔心或兩難，我們可以關心但勿過多過快，以免讓孩子覺得「新爸爸／媽媽一來就要管教我」。若繼父母本身也有孩子，在面對自己子女與伴侶子女時，通常也有更大的挑戰。比起在物質給予或家事分配上刻意齊頭式平等，我們更需要考慮的是「平衡」，除了讓雙方孩子認為繼父母同樣關注他們，更運用已在其他篇章提過的「合作」概念，讓家庭成員共同完成一項任務。例如中秋節烤肉，讓孩子們依照年齡、能力、專長或意願負責不同的工作，並共享成果。而不是用「伴侶孩子洗了五個碗，自己孩子也要跟著洗五個碗」這種較為僵化的公平法則。

婆媳問題與翁婿關係

我認識一位張阿姨，她有三個兒子，都非常的孝順、獨立。

誰是誰的第一夫人？

有一天，張阿姨的大兒子對她說：「媽咪！妳不用擔心，我結婚後，還是會一樣愛妳！」張阿姨聽了兒子這番話，心裡除了感到無比的欣慰，卻也萌生一絲的擔心。於是，她對兒子說：「謝謝你這麼說，但我不需要你對我這麼好，我要你把愛完全給你的老婆，因為老婆才是陪你一輩子的人！」

後來有機會聽到張阿姨的轉述，我很好奇為什麼她會這樣說。

張阿姨認為：「家中第一夫人的位子，無庸置疑就是老婆！婆婆不應該和媳婦去搶那個位子，因為我們也是自己老公的第一夫人。如果我們去爭那個位子，只會增加兒子的負擔，甚至造成兒子的婚姻問題。」

雖然張阿姨的兒子都還沒結婚，但從她早早就對未來的婆媳關係訂下一個準則看來，她應該會是個有遠見且開明的婆婆。

一次尷尬的會面

我一直認為在自己的家庭中，婆媳關係並不是個議題，因為我的兩個奶奶，一個早已離世，一個長年住在香港，她與媽媽之間幾乎沒有機會相處。從我的角度來看，婆媳問題只不過是電視劇的情節。直到一次尷尬的會面之後，我才對此有所改觀。

繼父每年固定會回香港探望奶奶，每隔幾年，繼父也會邀請奶奶來台北住上一個星期，和我們一起生活。就在我高中時，有一次奶奶來台北玩。剛好某天，爸爸突然心血來潮，大老遠跑來找我和姊姊。正當我和姊姊在社區樓下的大廳跟爸爸抱成一團時，奶奶和媽媽剛好逛完街回來。

就這樣，五個人、五雙眼睛互相凝視，奶奶看著爸爸，不了解怎麼會有一個陌生的中年男子抱著自己的兩個新孫女；媽媽瞪著爸爸，生氣爸爸為什麼偏要在這個時間來找我和姊姊；我和姊姊則是驚慌地一會兒看向奶奶，一會兒望向媽媽，一會兒看著爸爸，不知道下一秒鐘會發生什麼事；而爸爸則是一臉狐疑地望著大家，完全處於狀況外。

這件事情過後，媽媽特別要求社區警衛禁止爸爸到家門口找我們。為此，爸媽又透過我和姊姊，「吵」了好一陣子。於是我和姊姊再次經歷了一段恐怖時期，講什麼話或做什麼事都要特別小心，避免觸怒他們兩人。

媽媽的壓力

爸爸始終無法接受媽媽這種片面的決定，但我想，媽媽所承受的壓力，也許是爸爸永遠無法理解的。經過這件事後，我開始注意到，每一次媽媽和奶奶相處時，都會顯得有些緊張，做起事來特別謹慎，甚至有些壓抑。

當然，媽媽並不是心虛或畏懼婆婆，而是希望奶奶可以完全接納她，放心地將兒子交給她，並為她這位媳婦感到驕傲。

直到最近，媽媽才向我吐露她身為媳婦的心情。當初媽媽是一個剛離婚、帶著兩個孩子的女人，與繼父交往不到一年，兩人便步入禮堂。婆家雖然沒有反對，但也沒有特別歡迎。婚後，媽媽除了要適應並建立新的家庭生活，也要改善與公婆的關係。然而，這方面的壓力，媽媽向來無從傾訴。

我常在想，就連像媽媽這樣不常和婆婆見面的媳婦，都會覺得婆媳關係是股壓力了，何況那些長年和婆婆同住一個屋簷下、朝夕相處的媳婦呢。看來婆媳關係還真是一門難修的學分啊！

翁婿關係也很重要

由於爸爸非常愛我和姊姊，若要他放下我和姊姊，恐怕比登天還難。他時不時就會興奮地跟我說，等我結婚之後，他要搬來和我與老公一起住。更誇張的是，他還說婚禮當天一定要痛毆那個偷了他女兒的傢伙云云。

這讓我不禁聯想到電視劇中那種死都不放手的婆婆，覺得爸爸完全可以勝任那樣的角色。我未來的老公則必須扮演苦情的媳婦，而我就是他們之間的「夾心餅乾」。真是傷腦筋啊！雖然這些想像看似開玩笑，但我知道爸爸真的有這種潛力，他會因為太疼愛我和姊姊，放心不下我們，而成為女兒婚姻中的「惡丈人」。

所以我想了一個辦法：如果以後我有交往的對象，或是計畫結婚時，我會好好跟爸爸溝通，並且請他幫我鑑定，看看對方是否配得上他的女兒，讓爸爸慢慢建立成熟面對女婿心理，能夠放心地把我交付給未來的老公——那個將與我共度一生的人。當然最重要的一件事就是，我一定要讓爸爸知道，我永遠愛他。

說出來！有何不可？

雖然現今社會上離婚率高得嚇人，但當別人知道你父母的婚姻出了問題，或是你的家庭結構和一般人不太一樣時，不免還是會露出異樣的眼光。

尷尬的情境

舉個我最常遇到的情況為例。

有時候帶著妹妹外出時，大家看到妹妹，都會說：「哇！好可愛喔！這是妳妹妹嗎？」理所當然的，我一定會大方回答：「是！」

妹妹長得圓圓的，非常可愛，很多人會主動和她聊天，問她幾歲，叫什麼名字。不過，當對方在聊天的過程中，發現我和妹妹的姓氏不同，或發現我們的爸爸不是同一人時，就會突然靜默不語，臉上露出尷尬的神情，不敢再問下去。

此外，像是去看醫生或是帶妹妹去才藝班的時候，也會遇到這種情況。一開始我完全不知所措，一方面我希望能夠解釋清楚，不要讓外人產生過度的聯想；一方面又希望維護爸媽的隱私，避免跟陌生人說起他們離婚的事，當然，我也怕爸爸媽媽會因為我說出來而生氣。

不過，當類似的事發生過幾次後，我決定採取大方應對的策略！

在說與不說之間

某天，一個阿姨在聊天時發現我和妹妹的姓氏不同，正當她一臉尷尬時，我主動開口說：「我媽因為離婚後再婚，所以我和妹妹的爸爸不是同一個人，但我們感情很好，我和繼父感情也很好！」

聽完我一番話之後，阿姨笑了笑說：「喔，沒有啦！剛剛只是發現妳們姊妹姓氏不一樣，怕問下去不禮貌，所以⋯⋯。哈哈哈，但妳的心態不錯，你們家這樣也很好啊！」儘管這位阿姨的語氣中依然帶點尷尬，但我們之間的隔閡瞬間消失，話匣子也打開了，她開始與我聊起她對婚姻的看法，以及她的朋友遭遇的家庭困境等等。

聊了十幾分鐘之後，因為時間的關係，我必須帶妹妹離開。就在離開前，這位阿姨對我說：「很高興認識妳，妳是個很棒的孩子！」

聽到這句話的當下，我暗自感到高興，不過事後回想，其實我什麼也沒做，只是大方地把事實陳述出來而已，沒想到獲得長輩的稱讚！

自從那次之後，類似的情況發生時，我都以同樣的態度面對——大方地講出來。有時候得到的回覆只是「喔，這樣啊⋯⋯」，也有幾次對方就和前面提到的阿姨一樣，和我聊了起來，並給我許多鼓勵。有一次，因緣際會下接觸到一個家庭結構很特別的小男生，我甚至以自己的經驗幫助他走出爸媽離婚的陰霾！

離婚是種狀態，並非家醜

原本我不敢對外人講起家庭狀況，擔心爸爸媽媽會生氣，畢竟我們從小多少被灌輸了「家醜不能外揚」的觀念。然而，每當我自在地說起家庭狀況時，對方都覺得我的態度端莊大方、有家教，父母離婚後的心理也調適得很好、很健康，完全未損及爸媽的顏面。

就像在決定是否要公開這本書的內容之前，我也掙扎了很久，過程中不斷自問：我真的要把「家醜」外揚嗎？如果我想透過經驗分享，幫助相同處境下的孩子，結果卻付出讓爸媽丟臉的代價，這樣值得嗎？

然而不知道何時，我轉了念：為什麼我一直將這些事視為「家醜」？父母離婚的確不是一件值得掛在嘴邊說的事，離婚代表他們放棄了對彼此的承諾，但他們曾經試圖以各種方式挽救婚姻，直到最後確定走不下去，才做了離婚的決定，他們並未把婚姻當兒戲。

儘管日積月累的情緒，讓他們的離婚過程變得曲折，但那又怎麼樣？我們姊妹現在不都過得好好的？

對我而言，父母離婚不是件羞恥的事。我會這麼說，並非現在離婚率飆高，很多人都有類似的經驗，見怪不怪了；更不是爸媽離婚後我過得比較快樂，值得大肆宣揚；而是因為我們都曾努力過，也安然走過來了！

現在不論我處於哪個群體，每當有人問起時，我都毫不避諱、大大方方說明自己的家庭狀況。原因很簡單，這就是我的家，我所愛的家。一個我深愛的家，又怎麼會讓我感到丟臉呢？

瑪那熊心理師的家庭觀察

心理學家史登伯格（Robert. J. Sternberg）認為，愛情是由三種元素構成：激情（身體接觸、性張力、浪漫悸動）、親密（陪伴、親近彼此、分享生活）與承諾（願意長期維繫關係、使之穩定）。婚姻，便是兩人對這段感情的承諾，也是愛情旅程的中繼點。

進入婚姻及家庭後，不再只是兩人世界而已，面臨新的家庭成員（接觸對方親戚、小孩誕生等），以及生活模式的變化，有些伴侶繼續共同前行，甚至關係更加緊密；也有些伴侶發現愈來愈多難以磨合之處，且無法適應，於是爭吵衝突取代了過去的甜言蜜語。

夫妻的衝突（吵架或冷戰都算）難以全然避免，因為我們來自不同的家庭背景、成長歷程，有著各自的生活習慣、價值觀。重要的是，在衝突產生時如何因應：關係愈近的兩人，處理衝突更加不易，因雙方的情感糾結是複雜的，對於要在「依戀對象」面前攤開自己真正的心情、想法，往往更會引發人們的不安全感。所以，此時諮商心理師就成為衝突夫妻的重要資源，透過專業第三人的引導、協助，藉由伴侶諮商讓雙方得以真正溝通、化解衝突。

然而，一位合格的諮商心理師，並不會預設立場一定要讓眼前的夫妻「分」或「合」，而是提供一個安全環境，讓彼此對話。有時候，諮商中的夫妻會決定離婚，心理師的任務會轉為幫助他們好聚好散，減少關係結束的負面影響，並賦予意義。如可心在文中所述，離婚並非家醜，而是一種選擇，我們不需貼上一堆負面標籤。但，在關係發生衝突時，建議先尋求伴侶諮商的協助，有個對話機會。即使雙方決定為這段感情劃下句點，也能經由晤談處理各自的心情，妥善處理後帶著祝福，讓離婚成為彼此生命的另一個起點。

第三部

家庭與我

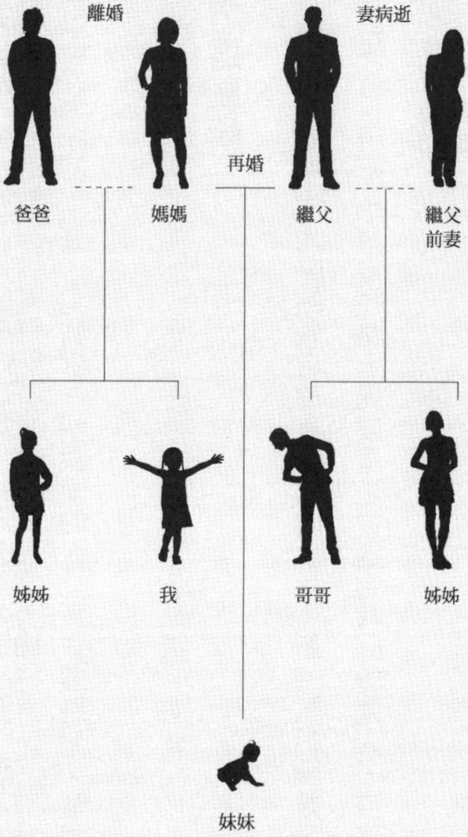

一定要抱怨嗎？

我愛我的父母，所以我討厭任何人任意批評或謾罵我的父母，就算說的是事實，我也會忍不住很生氣。尤其當一個我愛的人批評或謾罵另一個我愛的人時，我會更生氣。

離婚後，巧遇舊識

自從爸媽離婚之後，兩人開始各自過著自己的生活，新的生活圈幾乎沒有交集。但世界就是這麼小，走在路上偶爾還是會遇到共同的友人，自然會停下腳步互相寒暄幾句。

按照人與人之間往來的慣例，你只要結婚生子，朋友也會禮貌地問候老婆或老公以及孩子的近況。然而如果你離了婚，又在路上巧遇許久沒聯絡且是過去夫妻共同的友人，此時此刻，內心不免百感交集，有一點尷尬又有一點興奮，暗忖著這位朋友是站在自己這一邊，還是前妻或前夫的那一邊。

然後，你的臉上露出尷尬的神情，朋友若是懂得察言觀色，大概也感受到不安的氛圍，並且有些好奇。經過沉默的五秒鐘後，你會說：「我們離婚了！」雖然現代社會中離婚率高得嚇人，但在這種情況下，大多數人聽到朋友離婚，還是會很驚訝地表示：「啊！抱歉，我不知道這件事，你們還好吧？」或者一些類似關心的話。

接下來會發生什麼事，也就不難想像了。舊識重逢，彼此留下電話，幾天後約出來敘敘舊，但其實是找到機會大吐苦水，向共同的朋友抱怨前夫或前妻有多麼邪惡，自己又有多麼悲慘……

伴侶可以選擇，父母不能挑選

類似的情況，我目睹過好幾次。說真的，我很怕也很討厭，因為我知道，又有一個人要跟著我愛的人一起罵另一個我也愛的人。我真的非常討厭爸媽向朋友抱怨對方！

身為兒女的我實在無法理解，為什麼都已經是年紀不小的成年人了，還會那麼不成熟，需要在別人的面前自艾自憐？難道抱怨能改變過去、扭轉一切嗎？我知道，在離婚的過程中父母受了多少苦、多少傷，但是我和姊姊難道就沒有嗎？爸媽有機會向朋友抱怨對方有多糟糕時，我和姊姊又該找誰抱怨呢？

畢竟，現代社會中戀愛是自由的，伴侶與婚姻都是自己的決定，然而身為小孩子的我們並不能選擇父母，也不能選擇要出生在哪一個家庭。我可以對天發誓，我從來不曾找別人抱怨自己是我爸媽的小孩，所以我不懂為什麼爸媽要去抱怨另一個生我的人呢？

當然，我可以理解，抱怨是一種發洩情緒的方式，在群體生活中，尋求慰藉和認同是很自然的事。縱然已經離婚超過十年，生活幾乎毫無交集，我的爸媽仍會時不時抱怨對方。小時候雖然不喜歡聽爸媽的怨言，但總會逼著自己把抱怨聽完，有時候姊姊受不了要回嘴時，我還會制止她，要求她假裝認真地聽下去，甚至讓父母對我們發洩更多情緒，結果搞得姊姊快要情緒崩潰。當時我天真地以為，只要爸爸媽媽向我抱怨得夠多，就不會再對他們的朋友抱怨了，也不會有更多人不喜歡我的爸媽。然而事實證明，若沒有完全地放下，抱怨就像個無底洞，永遠沒有結束的一天。

微笑以對

現在的我，已經找到了折衷方式，當爸媽又開始對我發動抱怨時，我會笑笑地望著他們，有時還會在他們講出下一句話之前，先發制人，預測並說出他們慣常講的話。這時，我聰明的爸媽便意識到自己又在抱怨了。

而當爸爸媽媽向朋友抱怨時，若是一位經常或早已聽過無數次抱怨的朋友，我不會再多做任何制止或反駁，就讓他們好好抒發情緒。但若是一位剛認識、首次聽到抱怨的友人，我會等爸媽離開後，跑去找那位叔叔或阿姨，主動聊起剛剛被抱怨的那位，然後告訴對方，我的爸爸／媽媽是一個多麼棒的人，有多麼愛我，多麼令我驕傲。

我發現，由於我改變了應對策略，雖然爸媽的抱怨依舊無法讓他們釋懷過去的痛苦，反倒幫助了我釋懷他們的抱怨行為！儘管如此，我仍然將父母能夠完全放下並停止怨言，放在我的禱告中，並祈禱天底下的父母都不要在孩子面前抱怨對方，或者讓孩子聽到。

抱歉，我說謊了！

我記得曾看過一部電影，內容描述一個小女孩說了謊，但因為大人認為小女孩很單純，不可能說謊，所以都一面倒地相信她口中虛假的事實，結果造成一個男人名譽掃地，落入處處遭人排擠的窘境。這部電影的情節讓我訝異極了，為什麼有些大人會認為小孩不可能說謊呢？

不經意vs.有目的

談到這個話題，我必須承認我小時候常常說謊，但我說謊絕對不是想傷害別人，或是故意要造成父母之間的隔閡，多半是因為無知才說出口，例如：騙媽媽功課寫完了，或騙爸爸鋼琴練好了，撒這種謊也是因為偷懶，想放鬆一下。如果因此被父母親或老師責罵，甚至挨打，心中雖然萬般不情願，但說到底是知道自己錯了。

我六歲的時候爸媽離婚了，但他們並沒有因為離婚而停止爭吵，吵架的原因十之八九與我們小孩子有關。儘管這麼說有些傷人，不過我就算知道他們是為了我和姊姊而吵，有時候不免還是覺得「你們吵架，干我屁事」，無端被捲入戰場真的很無辜。

因為這樣，我撒了很多謊，希望藉此減少爸媽之間的紛爭，省去讓自己感到麻煩和傷心！

尤其當爸媽冷戰時，總是要我和姊姊傳話，被當作傳聲筒的我們為了避免引爆更多的爭吵，經常偷偷修飾一方說的話。這種謊言在他們離婚前不常發生，也無關緊要，畢竟那時候我們年紀還小，反而是在離婚後事態才變得嚴重起來。

爸媽離異後，剛開始時彼此也少有往來，但他們會問我們姊妹一些對方的事情，然後開始抱怨對方的不是，或藉由這個傳話的管道企圖攻擊對方。為了不讓兩個人老是劍拔弩張，我和姊姊撒了很多謊。說謊太多的結果，連自己都不記得說過什麼，經常被抓包。如果在這種情形下，因為說謊而挨罵，我就會感到忿忿不平！

當謊言隨口就來

我很清楚知道說謊是不對的，但我還是不免會說謊……。

舉個最常發生的例子，小時候因為法院判決我們由媽媽撫養，所以我每週至少星期六會和爸爸在一起。慢慢長大之後，開始有了自己的朋友圈和各種活動，於是媽媽要求我把星期六留給自己，為了避免爭執，我會騙媽媽說要跟同學出去玩，但實際上是去找爸爸。

上了大學，時間變得寬鬆許多，媽媽也比較不過問我跟誰出去。儘管如此，當我去找爸爸又剛好被媽媽問到去哪裡，我還是會習慣性地回答：「去找朋友。」

一開始說這些謊，總會有點罪惡感，但久而久之，似乎就成了習慣。

我其實很討厭這種習慣，氣自己為什麼可以那麼若無其事地信口開河，但我更擔心爸媽其中一方認為我喜歡和另一方相處，因而碎碎唸或是心裡難過。當他們生氣或難過時，碎碎唸的功力實在讓人招架不住。我除了當下被叨唸，也會有一段時間不好過，而且下次做錯事或讓他／她不滿時，這筆舊帳就會被翻出來。

自由自在地說出真話

老實說，爸媽有時候不經意的一些話，雖然只是抱怨，但只要抱怨的是對方，就會讓身為孩子的我特別在意，並且有很大的壓力，

我害怕面對這種狀況，所以我說謊。我想，現在我已經算是個高手了，說謊不打草稿，反應超快，成功率也很高，但我不喜歡這樣，這幾年很努力

要改掉這個壞毛病。

我希望爸爸媽媽能原諒我對他們說謊。如果時光能倒流，我希望爸媽可以給我更多的自由，一種完完全全的自由，不會因為我的選擇而擔心有什麼後遺症，也不會總是有所顧忌而無法說出真話。

為了愛，放棄尋找真相

小時候，我和姊姊不免會對爸媽離婚的內幕感到好奇，每當我們問到爸媽離婚的真正原因，以及離婚時所發生的一些事時，爸媽總會說：「等妳們長大就會知道了。」或「等妳們長大了再告訴妳們。」然而，現在我和姊姊都已經長大、成年了，我們卻一點都不想知道，也完全不過問！

謎樣的離婚內幕

雖然爸媽口口聲聲說，等我們長大後再告訴我們真相，然而在我和姊姊的成長過程中，爸媽常會在談話間不小心脫口而出他們各自認為的真相，尤其是生氣、吵架時，更是各種爆料不斷。

令我訝異的是，爸媽離婚的過程明明已經是一段「歷史事實」，但兩個人陳述的內容不一樣。當我們對其中一方說，爸爸／媽媽的說詞不是這樣時，兩個人都會很有默契地說：「呵！（不屑）他／她這樣講？你們自己想一想吧，你們知道誰是對的。」說真的，我和姊姊已經思考了好幾年，也試著拼湊兩人的說詞，卻一直弄不清真相究竟為何。

更奇特的是，往往說完這句話，兩人還會補上一句：「不信你可以去問某某叔叔／阿姨，所有事情他們都看在眼裡。」每次聽到這些話，心中是好氣又好笑，我和姊姊也都習慣了，這時候只要附和著說：「嗯，好好好！對對對！我們都知道。」

到底當初是誰先提出離婚的，又是誰拿了誰的錢，我和姊姊實在不知道，也不關心。若問我們在不在意他們為什麼離婚，我們當然在意，畢竟這件事對我們影響很大，但每當跟他們談到這段過去時，十之八九都會演變成一場爭吵。有幾次不愉快的經驗之後，我們也學乖了，在中學時期，當爸媽又談到那段往事時，我們大多選擇靜默或是附和，好安撫他們的情緒。

不想追究真相了

其實，我們並不一定要從他們口中聽到答案，因為爸媽打官司時的法院筆錄以及最後判決書都還留著，我們也非常清楚這些資料躺在家裡的哪一個角落，卻從沒去翻來看，也不想看。除此之外，還有很多在法院上隻字未提的事，就算知道能從誰那裡得到一些內幕，我們也選擇不去了解。這主要有兩個原因：

一是，我們知道，法院記載的內容是無情、不顧前因的，因為法官並不認識我所愛的爸媽，所有的判決全是靠他們聘請的律師，在法院陳述與辯論得來的。我也了解，當時的爸媽就好像迷了心竅，眼裡只有監護權，難免會想盡辦法傷害對方，以提高自己的勝算。而他們所聘的律師，心中也未必有我們孩子，所以我們選擇不去了解根據律師的爭論所記錄的真相。

二是，我們害怕知道真相，因為這個真相，可能會改變我們對父母的看法，甚至產生怨恨的情緒。所以我不會為了滿足自己的好奇心，拿我現在與爸媽之間的美好關係去做賭注，我寧願永遠不知道當初離婚的真相。今天良好的親子關係，可是我們花了長年的努力、付出沉痛代價換來的，比起知道真相，我認為與父母的關係和自己過得快樂更重要！

至於爸媽有意無意間洩漏的訊息，其中是否有什麼離婚內幕的蛛絲馬跡，我已經不會再去揣測，我不想因此怨恨爸媽。難道知道是誰拿了某筆錢，我就要恨他／她一輩子嗎？難道知道是誰先提出離婚，我就要馬上離開那個人嗎？不管是誰說、誰做的，這個人都是我最愛的父母啊！

離婚的過程非常辛苦且痛苦，我們或許不能理解爸媽當時的心情，但我們知道整段過程的不容易。爸媽希望我們能體會他們的苦衷，尤其想讓我們看到或認同他們眼裡所見為真的事。我甚至能夠想像，每個人心中都有一個小惡魔，多少希望自己討厭的人也能被最愛的人討厭，但如果所謂的真相會成為我父母攻擊對方的武器，那我寧願不知道。

誰先提出「離婚」，重要嗎？

有時想想，身為離婚家庭孩子的我們，應該要多包容、體諒自己的父母。當他們抱怨，或一直不斷要我們相信他們認為的事實時，不妨試著去聆聽，安撫他們的心情，告訴他們：「我知道了。」

在這裡，我也想告訴天底下的爸爸媽媽，我們不是不想聽你們說話、發牢騷，只是爸媽離婚，我們小孩真的很難過，甚至比你們還難過。而你們經常抱怨、指責的不是別人，就是我們的爸爸或媽媽，或許你不再愛他／她了，但我們還是很愛。隨著時間過去，希望爸爸媽媽能調整心態，別再抱怨，別再爭取那些私人的正義了！

從生活經驗中，我發現一件事，有時候放棄真相會遠比挖掘真相來得寬心、快樂，因為在意他人眼裡真相的，往往只是當局者迷的自己而已。真正愛你的人會希望停止紛爭，就像我們希望爸媽停止爭吵，放過自己，放過彼此，也放過夾縫中的我們。

至於真相，我覺得時間會改變許多事情，包括人們的感受、看法或衡量標準。更何況，人總是傾向忘記自己做錯的事。就以究竟是誰先提出「離婚」為例，或許有一方在氣憤的情緒下，「離婚」兩個字不小心脫口而出，之後卻不記得自己說過，但對方就當真了，在這種情況下去爭論誰先提出離婚，實在沒意義。

不可否認，爸媽離婚是既定的事實，無論兩個人有什麼不同感受或解釋，也都是真相。所以，親愛的爸爸媽媽，請別再執著誰是誰非了！而我呢，我選擇放棄真相，只因為我愛我的父母！

瑪那熊心理師的家庭觀察

在婚姻的衝突爭執中，有時候夫妻會忍不住「拉攏」孩子，希望有更多人站在自己這邊，證明自己是「對的」、「無辜的」。在這複雜的三角關係中，孩子的辛苦可想而知，正如同可心文中所述，兩邊都是自己深愛、重視的依戀對象，聽著一方指責另一方時，反駁怕傷人，附和也怕傷人，只能默默傾聽，卻又難以抒發夾在中間的兩難。又或者，陷入可心在其他篇文章中的窘境：成為傳聲筒，且為了減緩父母衝突而學會運用謊言。

人們希望愛情穩定長久，然而事情無法總如人願。當婚姻逐漸走向盡頭時，我們可以努力的是好聚好散，但若走向不歡而散時，也記得別將法院搬進家裡、向孩子擊鼓申冤。減少離婚衝突對孩子影響的關鍵，在於界線的設立：此時的夫妻雙方雖然針鋒相對，但在為孩子著想這塊，是需要結成短暫同盟。試著與另一半取得共識，爭執與糾紛、法律及談判應留在成人這一層，而非不斷向下滲透、侵染到孩子那層。

拉攏孩子，或許能讓父母在情緒上暫時得到抒發，甚至取得某些權利好處，但同時它對孩子的發展、親子間關係有潛在的破壞，並不值得冒這個風險。運用自己身邊的資源（如心理師、律師、朋友）來協助，不但對自己負責，更是對孩子負責。

我受夠了轉學！

我轉過五次學，待過六所學校。如果再加上幼稚園的話，就是轉過七次學，待過八間學校。

坦白說，我轉過那麼多次學（包括幼稚園），有三次和爸媽離婚有關。為什麼要寫這篇呢？因為我想表達的是：我不喜歡轉學！

轉學生的人際挑戰

國小時，我很羨慕班上同學，因為他們不僅在自己班上，也在其他班級有好朋友。遇到需要混班上課時，他們很快就能找到組員，而我因為是轉學生，跟同學都不熟，加上個性比較內向，往往乾坐在旁邊，等待老師幫我跟剩下的零星同學分配小組！

不過，當媽媽決定讓妹妹從幼稚園直升同一所學校的小學部時，我曾好奇問妹妹：「一直待在同一間學校，會不會覺得無聊啊？」妹妹馬上語氣肯定地回答我：「不會啊！我要跟我的好朋友一起上小學。」

聽到妹妹這麼說，我突然覺得很羨慕。可以與自己的好朋友一起上學念書，對於小時候輾轉許多間學校的我來說，一直是個夢想與奢望。

畢竟小朋友的情況不同於成年人，成年人的好朋友就算分隔遙遠，仍有機會運用通訊設備聯繫彼此。而且小朋友忘性較大，如果分開了，沒辦法朝夕相處、天天見面，身邊又不乏新的朋友時，友誼就很難維持下去。所以，只要一轉學，幾乎等於跟從前交的朋友都斷了關係！

除此之外，轉學生通常會有一段「適應期」，說可怕也沒那麼可怕，但是對小學生甚至國中生而言，進入一個完全陌生的新環境，仍會有一些莫名的心理壓力以及避免不了的挑戰！

我轉學的情況都算有點臨時，會在學期中入學，所以自我介紹時，只有自己一個人上台。在其他人都互相認識的團體中，看到那麼多雙眼睛盯著我，實在覺得很緊張。

電腦教室到底在哪裡？

老實說，自我介紹只是幾分鐘的事，並不會太困擾我，反而是第一次去專科教室上課比較麻煩。例如音樂課、電腦課、家政課等得換教室，由於才剛轉到新的學校，一時之間還不清楚其他教室的位置，再加上與班上同學不熟，我只能挑幾個看起來比較和善的同學，默默跟在他們後面。

但我也碰過突發狀況。

記得當時是小學五年級，第一堂電腦課之前，由於班導有一些關於轉學的事要交代我，耽誤了一點時間。上課鐘響後，同學都到電腦教室去了，只有我還在班上聽老師說明。

　　之後，班導因忙著處理其他事情，告訴我電腦教室的大概位置就離開了。我一個人拿起電腦課本趕往教室，結果在走廊上來回走著，就是找不到電腦教室，或許是我錯過了，總之我無法分辨到底是哪一間。

　　我愈走愈緊張，因為一直找不到教室，內心非常焦急。每位經過的老師都覺得我很奇怪，上課時間學生早應該坐在教室裡了，怎麼還有人在走廊上晃蕩？

　　當時我覺得很無助，剛轉學就遇到這種突發狀況。幸好，我看到班上同學出來上廁所，於是我趕緊跟在他後頭走進教室。不過，最後還是因為遲到，被老師唸了幾句，真是有夠委屈的！

助力還是壓力？

　　根據我的經驗，轉學生也經常成為老師點名的目標。我就常被點到回答問題，或是協助班級事務。老師的用意是想讓我盡快融入，但很可能個性因素，我反而覺得有股無形的壓力。當然轉學生在課業上，也會有銜接的問題，像是課本版本、作業形式或是考試頻率的不同等。雖然說起來只是暫時的適應問題，但那段銜接期難免會多耗費一些心力。

我自己可以說是轉學的「受害者」，因為經常變換環境，容易產生不安定感。在環境適應、學業表現和人際關係方面，相較於其他同學，我必須投入更多時間與力氣去摸索。老實說，我覺得轉學一兩次還可以，三次勉強忍受，但轉學高達七次，也真的是夠了！

瑪那熊心理師的家庭觀察

陌生環境的轉換，的確需要一些時間來適應。成人因為擁有較完整的人際資源，加上已有獨立經驗，通常適應時間較短，過程也較為順利。然而在兒童、青少年階段，學校、同學往往是孩子的主要生活重心，因此在「轉學」的適應上，就需要父母與老師共同協助，讓孩子能銜接得較為順利。

我們需要先試著同理這階段的孩子，除了父母是依戀對象外，熟識的同儕或老師，也是另一種依戀對象。因此，與重要他人的分離，自然會對接下來的新學校產生焦慮、害怕等情緒，也會對原本的班級感到失落、難過。做為主要照顧者、依戀對象的父母，避免太快用「不要擔心！」、「去新學校也會有好朋友！」這類過於理性、樂觀的「喊話」來安撫，而是多些耐心傾聽孩子的心情，在他們有負面情緒時提供陪伴與關心。同時也可與新學校的導師保持聯繫，了解孩子在校的適應狀態與變化，共同幫助他們。

身為有新學生轉進班級的導師，除了在課業、環境協助孩子適應外，協助結交新朋友、融入班級也是重要工作。但就如可心的個人經驗，有時太受關注也可能形成壓力，或是造成「享有特權」的誤會，而出現反效果。導師可以嘗試挑選班級中個性穩定、熱心助人的學生，運用座位安排或分組等方式，讓他／她主動成為轉學生的支持性同儕，幫助適應。不過，建議事先與雙方先討論過、聆聽想法，才不會反而讓學生、轉學生都有壓力。另外，也別忘了校內的輔導資源，也是導師的好幫手！

給孩子留下盼望

有一天，在翻看幼稚園時期的照片，發現當時的我總是愁眉苦臉的，只有少數幾張臉上有笑容。

在我父母還沒離婚，也就是六歲以前，我並沒有體驗過真正的快樂。那時候我所知道的快樂，或是說體驗過的快樂都是很短暫的，大概就是看個溜冰秀，偶爾跟家人去餐廳吃頓飯。因為長時間處在雙親不和睦、時時爭吵的環境下，久而久之也習慣了，我根本不知道自己不快樂。

不快樂是噩夢的原凶

在那段期間，所有會發亮的東西，不管是天花板上的白色燈泡，或車子的後車燈，在我眼裡都成了對我邪笑的魔鬼，有時候還會覺得他們要向我衝過來。奇特的是，十年後我和姊姊一同回憶這段過往時，才發現原來我們都有同樣的經驗！

那時候，除了以為看到魔鬼之外，我每天晚上都會做噩夢。相同的幾個噩夢反覆出現，有幾個我到現在都還記得很清楚。

一般人也許會認為，小孩做噩夢或者幻想東、幻想西是很正常的。但從我的觀點來看，這一點都不正常，而且一定有原因。

我會這麼說，是因為自從我父母離婚，離開了日日夜夜爭吵的環境後，我就再也沒有看到魔鬼，再也不做噩夢。我現在二十一歲了，意思就是說，我已經整整十五年沒做過噩夢！

就連一些禁忌，像是三更半夜不能照鏡子，床鋪不能對著鏡子或是門等等，我都不會特別在意，甚至天天睡前照鏡子，每次和朋友出遊，也總是睡在鏡子前的床位，但我從來沒有遇到鬼，也沒因此做噩夢。

這十幾年來，我做過最可怕的噩夢就是夢到毛毛蟲（我的天敵），以前天天做的噩夢，可能因為生活平靜，早已離我遠去。

人一定要有盼望

還記得小學三年級時，教會的牧師問了我們一個問題：「你們覺得人失去了什麼最可怕？」小朋友爭先恐後地回答：身體、腳、手……，之後牧師說：「我覺得一個人失去了盼望最可怕。」

我當時不明白牧師的意思，正確來說，我根本不懂什麼是「盼望」，但現在我似乎比較能懂了。

當時的我，正是失去了盼望，因為我已經習慣了不和睦、天天爭吵的氛圍，就算看到其他小朋友很快樂，我也覺得不干我的事，並不會羨慕。我就像隻陷在泥濘中的螞蟻，完全不想掙扎，呆呆地等待一分一秒過去。現在回想，只覺得自己當時實在很可悲。

想想看，當一個孩子沒有盼望，不知道什麼是相親相愛，也沒看過父母和睦相處的樣子，家中爭吵的頻率多到讓孩子麻木、習以為常，那是多麼可怕的一件事！

當一個人失去盼望時，其實就失去了一切，因為少了盼望，就少了一切「想」的心，某種程度等同於「腦死」！所以，無論如何，希望父母在商討「婚姻大事」時，千萬別剝奪了孩子的盼望，請留給孩子一份珍貴的盼望！

我常常在想，如果當時爸爸媽媽能告訴我：「不用擔心，我們還是很愛妳的，不管爸爸媽媽以後是否在一起，都不會讓妳擔心、受委屈。」或者是：「爸爸媽媽吵架是正常的，就像上帝給我們考驗，吵完事情就解決了，不用怕喔！」相信聽到這些話，小時候的我能對未來保有盼望，面對家庭的變化也能減少內心的恐懼不安。

自棄還是自立？你的選擇是什麼？

因為家庭因素，我確實比其他孩子多了一些痛苦、不愉快的回憶，但我後來覺得，與其自艾自憐地看待這個成長過程，不如把它當成一種磨練，讓自己變得更堅強勇敢。除了我自己的經歷，生活圈中有兩個離婚家庭的女孩，我經常想起她們的故事，並有許多感觸。

千錯萬錯，都是父母的錯？

麗容比我大三歲，是國中時在學校社團認識的一個學姊。她的父母在她小學五年級時轟轟烈烈離了婚。後來麗容就跟著母親生活。她與父親不常見面，卻經常向父親伸手要錢。

自從父母離婚，麗容總是自怨自艾，每天渾渾噩噩地過日子，並將一切的挫折、不如意，怪罪於父母沒有給她一個健全的家庭。而麗容的父母也認為自己虧欠這個孩子，百般容忍她許多無理的行為，甚至給麗容很多零用錢花。

麗容國中時，父親再婚。因為事前沒有任何跡象，直到後來與父親見面時，父親才告訴麗容自己再婚了。這讓麗容非常受傷，她覺得父親不說一聲就再婚，是一種嚴重的背叛。原本就已經很叛逆的少女，從此變得更加肆無忌憚。

在學校，麗容是個「風雲人物」，因為她只穿名牌衣、背名牌包，裙子改得跟內褲一樣短。她天資聰穎，卻從來不讀書，而且天天惹事生非，被記大過也不在意。

直到她畢業後，我在學校還常常聽到她的消息，但都不是什麼正面的事。幾年後，我偶然從朋友口中聽到麗容的名字，一問之下才知道，麗容在高二時未婚懷孕，成為一個小媽媽，從此離開了原本的朋友圈。

我的人生，自己負責

另一個女孩瑾言，只比我小幾個月，她的父母也離婚了。

瑾言跟我非常要好，有一段時間我們天天膩在一起。她並沒有主動跟我提起自己父母離婚的事情，我是在一次聊天中偶然得知的。

瑾言的母親從她十歲起獨自扶養她，她們母女感情很好。在父母的離婚官司中，根據法官的裁定，瑾言的父親每個月要支付一萬元的贍養費，但聽瑾言說，她父親只有過年時才會給贍養費，而她這女兒從來沒有領過父親的壓歲錢。雖然瑾言的母親家境不差，但我認為這不能成為他父親不付贍養費的理由。

瑾言很認真讀書，一直為自己的夢想努力著。她相當成熟、上進，人緣也很好，周遭的人都喜歡跟她在一起。瑾言在朋友眼中是個獨立、有主見的女孩。她並不會因為父母離異，而把自己放在不同的位子上，要求別人給予特別的待遇，所以很少人知道她是單親家庭的孩子。

現在的瑾言，一邊利用課餘時間打工賺錢，協助母親分擔家計，一邊努力讀書，準備出國進修。瑾言的獨立自主、積極進取，讓朋友都對她相當佩服。

麗容和瑾言兩個人，同樣經歷了父母離婚的困境，相較之下，麗容還有比瑾言好的家世背景。然而，一個因為父母的離婚自怨自憐，無法走出低潮，甚至把它當作不求上進的藉口，不斷惹事生非、自我放棄；另一個懂得自我調適，並不因為來自離婚或單親家庭而自輕自棄，而是認真努力，自信地過著自己的人生，並贏得他人的敬重。

不用談到未來，她們從過去到現在選擇走的道路就已截然不同！

「離婚家庭」是張同情牌嗎？

因為自己也是離婚家庭的孩子，所以我會特別留意像麗容與瑾言這樣的例子。我也常常在想，為什麼類似的家庭狀況，在小孩子身上會導致不同的發展結果？到底是什麼影響了我們對父母離婚這件事的看法和態度？又是什麼左右了我們人生道路的選擇？

其實我也明白，拿出「離婚家庭」這張牌時，確實很容易博取他人的同情，甚至獲得額外的幫助。我就曾經濫用過這個好處，享受特殊待遇，但時間一久，我發現周遭的人愈來愈瞧不起我、不信任我，甚至把我視為弱者。講白了，這種結果是我咎由自取，因為是我自願降為弱者的。

當我無意間得知瑾言和我同樣出生離婚家庭時，我很驚訝，並為自己過去博取同情的行為感到無比羞愧。我開始學習像瑾言一樣，不主動或刻意告訴他人自己父母離婚的家庭背景，選擇和其他人站在相同的起跑點。隨後我察覺到，由於我態度上的轉變，當他人發現我的家庭情況時，反而因此給予我更高的肯定。

很好奇如果有那麼一天，麗容與瑾言相遇，不知她們會有什麼想彼此傾吐、想告訴對方的話？

瑪那熊心理師的家庭觀察

每個人孩提時代、求學階段或成人出社會後的遭遇各有不同，也可能遇過各種挫折，例如經濟困頓、落榜、失戀、父母離異，或是家庭或約會暴力、霸凌等。有些心理治療學派抱持「因果論」，認為這些經驗將對個體造成負面影響，導致未來發展阻礙，或不利身心。然而，近幾年因《被討厭的勇氣》一書而愈來愈為大眾熟悉的阿德勒則提出「決定論」。他認為過去的事件未必成為「創傷」、「心結」，端看個體如何看待、因應。

如同文中的兩個故事，父母離異或是其中一方的缺席，並非絕對會讓孩子走入歧途或不如別人。依阿德勒的觀點，命運並非絕對因果，而是被創造出來的，人面對生命某些洪流襲來時，仍保有或擁有一定程度的自由，可決定自己的未來。因此，我們不宜任意將「單親家庭」、「單親子女」粗糙貼上標籤。

更重要的是當我們遭遇不順遂或意外時，如何尋求資源協助，並以新的框架面對。

當然，我們不妨期許自己成為他人在困境時的貴人，有時候一句鼓勵、一個擁抱或關心，就可能幫對方做出更好的選擇，走上不同的道路。

爸爸的女朋友們

在我的眼裡，繼父是百分百的優質老公！他雖然並非高富帥，個性還有點古怪，但他全心全意接納我和姊姊，無條件給予我們父愛。真的不得不說，我的媽媽非常有眼光，找到了這麼適合她的優質老公。

媽媽的好老公

我非常感謝繼父的長期付出，但我以前並不知道自己有多麼幸福。直到我身邊一個家境不錯的朋友，他一滿十八歲後，家人就斷絕所有的資源。在他被趕出家門的那一刻，他的父母還告訴他：「你吃我們的、穿我們的這麼多年，也該夠了！現在開始要靠你自己了！」

這件事讓我意識到自己的幸福，繼父對我們是無怨無悔地付出！我計算過自己從八歲到二十歲的基本開銷，光是學費、補習費、餐費加起來，數字就高得嚇人。我完全不知道該如何對繼父表達我的感謝。

繼父把自己辛苦工作賺來的錢，花在我們身上，撫養與他並無血緣的小孩，真的很不容易。這不是捐助認養的慈善事業，而且以投資報酬率來說，還不能確保我們會回報。然而，繼父從來不是為了這些才對我們好，他就是接納我們成為他的女兒，並用跟自己子女一樣的標準來對待我們。

實在不知道媽媽是怎麼找到這麼好的老公的。在媽媽和繼父交往期間，我年紀還太小，並沒有認真觀察。不過爸爸一直是單身，所以他的女朋友，我可觀察了不少！

爸爸的交往對象

我常常和同樣生長在離婚家庭的朋友聊天，每次談到父母的新交往對象時，難免會針對外貌、氣質、個性……，品頭論足一番，當然也會聊到自己的感受。我們經常陷入一種矛盾中，既想要父母親好好經營新的感情，又怕因此失去父母的關愛。

在交往的過程中，很多父母會把新對象介紹給自己的孩子。我爸爸就會這麼做。我與姊姊都很認同爸爸的作法，有時候爸爸也會詢問我們的看法，如果他問說：「喜不喜歡這個阿姨？」我們也總是回答：「喜歡。」事實卻不盡然如此。

我們覺得爸爸會這麼問，就是想聽到「喜歡」的答案。為了不讓爸爸失望，姊姊和我都會自動選擇「標準答案」。其實，爸爸也不用開口問，只要觀察一下我們與他女朋友相處的情況，就可以知道女兒真正的想法和感受了。

以前，見到爸爸的新交往對象時，如果我喜歡她，我便會主動和她聊天，也能自然而然記住她說的話，並在談話中表達關心。

如果印象不是很好，我會找藉口離開，說的話和臉上的表情很客套、敷衍。當然，也有可能是因為不熟，而顯得拘謹，這就得靠爸爸根據對我們的了解來判斷，例如：我們是否變得少說話，是否顯得不自在，或覺得被冷落而不斷滑手機……。

太刻意打扮或表現得很懂得與孩子相處的阿姨，總會讓我覺得不誠懇、有壓力，甚至討厭，講白了，就是覺得很假。我還會對那些打扮太誇張、想引起我們注意的阿姨，冠上「庫伊拉」（電影《一〇一忠狗》中反派角色）的稱號。總之，我和姊姊都比較喜歡有氣質、自然、優雅的阿姨。

爸爸還是很在意我

記得國三時的某個星期天，爸爸慌張地打電話給我說：「心心！妳把筆記型電腦忘在爸爸家了，急不急著用？妳在哪裡？爸爸馬上拿去給妳！」

我淡定地回答說：「喔！我知道，我在媽媽家啊！但我不急，下星期再去拿就好了。」

沒想到爸爸又說：「沒關係，爸爸已經在捷運上，大約再半個小時會到妳那裡，妳等會下來拿。」

聽到爸爸這麼說，我實在很開心，因為爸爸家距離媽媽家有點遠，搭捷運差不多要一個鐘頭，來回需要花兩個多鐘頭的時間，而爸爸這樣奔波，就為了把電腦拿給我，讓我覺得非常溫暖、感動！

二十多分鐘後，爸爸到了。我下樓時，發現爸爸身旁還站著一個人，是爸爸不久前才交往的女朋友。我和她打了聲招呼，但她表現出有點不耐煩的樣子，讓我不太好意思。可想而知，被約會的對象帶著橫跨整個城市，只為了幫對方的女兒送一台電腦，任誰都不會開心到哪裡去吧！

不過爸爸一無所覺，看到我仍像往常一樣衝過來，給我熱情的熊抱，口中還不斷重複：「好想妳！好想妳！好想妳……。」事實上，我們昨天才過見面。

「一日不見如隔三秋嘛！」爸爸笑著說。

雖然那天我表現得很淡定，但是心中無比溫暖，因為我知道爸爸就算交了女朋友，還是會把我們放在第一位，而且爸爸也用行動讓女朋友知道，女兒永遠是第一優先。

後來，爸爸跟這個女朋友交往一年和平分手。在得知他們分手的當下，我還覺得有點愧疚，不過事後想想，兩人分手是因為明白各自追求的目標不同，所以分開或許是最好的選擇。

女兒的祝福

我覺得，父母離婚後交男女朋友是很自然的事，看到爸媽開心，我們也開心。兒女的內心深處，也許會擔憂因此失去父母的愛。然而，從爸爸的幾段感情中，我發現到，交往新的對象與維繫親子關係，兩者並不衝突。

在那幾段感情中，爸爸不但認真經營，同時也用很多行動、話語，讓我們清楚知道、感受到，爸爸不會因為某個人的出現，就稀釋或分割了對我們的愛！我也很感謝爸爸，每一次有新對象時，都會優先讓我們知道，不但慎選交往對象，也很尊重我們的想法！

其實，姊姊與我並不會排斥任何爸爸有好感，或對爸爸有好感的人，我們相信一定有某個人，是爸爸愛、我們也愛的合適人選，就像媽媽找到了繼父一樣。

有時候，我甚至覺得，孩子會比父母更了解誰才是適合他們的對象，因為幾乎我們每個人，都曾在年幼時深愛著自己的父母，或把父母當成心目中的理想對象，對吧？（至少我們家的小孩，還有我的許多朋友都是如此！）所以我很開心爸爸在與新對象交往時，願意聽聽我們的想法，因為我們真的很愛爸爸，在乎爸爸！衷心祝福爸爸早日找到生命中的Miss. Right。

公主不是病！

有一件事情我非常感謝我父親，這同時也是我母親極少數感謝我父親的事情之一，那就是我父親非常非常愛我。

我已經二十一歲，長得應該不算差；論個性，也還不錯，至少我的朋友都和我很要好。有一件事，從前我總覺得有點丟臉，不敢告訴別人；但現在，我完全不以為意，那就是——至今我從來沒有交過男朋友！

我不是蕾絲邊，曾經有過喜歡的男生，國中時也對男女關係感到好奇，但我始終沒交男朋友，原因很簡單——沒有一個男人比我老爸更愛我！

潑出去的水會流回來

我曾經聽過一個心理學報告，內容概述如下：有些女生會在年紀很輕時就開始交男朋友，或交很多男朋友，有可能是因為欠缺父愛，渴望在家庭之外尋找另一份男性的愛來彌補心中的空缺。對於這個說法，我個人覺得頗有幾分道理，至少套用在我身上時，可以得到印證。

我覺得自己很幸運，因為我的兩個父親都超級無敵爆炸愛我，我所得到的父愛都快滿出來了，又何必再找個男朋友來愛我呢？

儘管俗話說，嫁出去的女兒就像潑出去的水，但因為我有無敵愛我的爸爸，所以我敢說，未來結婚成家了，我這盆水即使在空氣中蒸發，也要努力變成雨，流回爸爸的跟前，承歡膝下，回報爸爸給我的愛！

記得讀過一篇故事：有一個男人結婚後，非常渴望能生個女兒，於是對妻子說：「如果生兒子，妳就自己帶；生女兒，我一定時時刻刻陪伴在她身邊。」甚至在妻子懷孕前，他就決定如果將來有女兒，一定要把她寵出公主病。而且一想到日後會出現一個男人把他的女兒娶回家，他就滿腔怒火！

我很訝異，原來父親對於女兒竟然會有這樣的情緒，這也讓我對於「公主病」產生了不一樣的想法。

只要公主不要病！

一般而言，「公主病」指的就是嬌生慣養、養尊處優的女孩會有的習性，但我認為真正的公主並非如此！

我心目中真正的公主是樂於學習、待人謙虛有禮，有著說不出來的自信；真正的公主懂得自愛，尊重別人、尊重自己；真正的公主不會降格以求，也不會降低自己的標準來迎合別人。

這才是我對「公主」的定義！

依照我的定義，「公主」擁有父親高規格的愛，不會受到甜言蜜語或物質金錢的引誘，而迷失了自我；公主也不會欲擒故縱，讓男生做無謂的追求，她會因為獨立自主的個性，獲得異性的尊重。

到現在，雖然我二十一歲了，爸爸依然會叫我小公主，但可別以為這個小公主只懂得撒嬌，相反的，我經常陪著爸爸剪樹枝、修電腦、電電焊……。另一方面，在重組家庭裡，就算在媽媽的心目中我也是個公主，但燈泡壞了，我還是得自己去換，因為我的女王媽媽也是如此以身作則！

愛，就該這麼表現

或許你會好奇，我明明沒和爸爸住在一起，小時候一個星期也只和爸爸見一次面，我如何感受到爸爸的愛呢？

從以下這些小細節，不難看出爸爸如何「鍥而不捨」愛著姊姊和我：

自從我和姊姊開始使用手機以來，爸爸每天至少傳一封簡訊給我們，內容包羅萬象，有時候是生活提醒，有時候是人生大道理，有時候是英文金句……。雖然其中大約百分之九十的簡訊，爸爸不要求我們回覆，我們有時也沒回，但爸爸還是照樣每天傳訊息給我們，至今從未間斷！只是從簡訊變成了 Line、微信。

此外，從小到大，每次跟爸爸碰面，不管中間隔了多久，爸爸都會大動作衝過來抱我們，甚至在路中央蹦蹦跳跳地跑過來，把我和姊姊抱得快窒息，讓我們無比尷尬。就是因為爸爸大方把自己的愛展現出來，儘管我姊表面上很排斥，但我相信她跟我一樣感受到了溫暖，也享受著這份父愛。

孩子並不要求爸媽時時刻刻的呵護，把我們照顧得無微不至，或是捧在手掌心疼，我們只想感受到愛！哪怕是一句關心，或者記得我們說過的話，都能讓我們知道父母是愛我們的。身為子女，我誠心祈願天下的爸媽都能大方地表現愛！

瑪那熊心理師的家庭觀察

多數的父母付出時間、心力來照顧孩子，並給予許多關心與陪伴，我自己就常在Facebook上被新手爸媽的曬小孩貼文轟炸。孩子的單純、可愛，總讓我們忍不住「寵愛」一番，但要如何不會變成「溺愛」呢？

我認為最關鍵的，在於是否讓孩子擁有兩種觀念與能力。第一是「負責」，也就是孩子能否理解規範並為其行為負起相應的責任。柯爾伯格（Lawrence Kohlberg）提出的「道德發展階段理論」認為，人們的道德觀念形成是循序漸進的。兒童習慣以行為的直接後果來評估是否符合道德，青少年則開始會考量人際關係、社會角色與法律或社會規範。若孩子的行為並不恰當，例如已經影響或傷害到他人，父母卻仍不採取任何行動，甚至展現出「無所謂」、「孩子沒有錯」的態度，便可能影響了孩子的道德發展。

我們當然不需要急著處罰，或是「以眼還眼」式教訓孩子，但理直氣和地讓孩子理解「他做了什麼」、「這麼做會造成什麼影響」是必要的。同時也別忘了讓孩子有機會述說「自己這麼做的理由」、「聽完父母說明後的想法與感受」，讓他們練習行為與道德的思辨。在這過程中，也會影響孩子培養第二種重要能力：「合作」。

合作的核心，在於對他人的關懷，這也是心理學家阿德勒相當重視的一環。協助孩子「了解自己言行對別人的影響」、「嘗試站在對方的角度感受他的心情」，都有助於孩子願意與人靠近、互動乃至於合作，甚至一點一滴發展出「社會情懷」（social interests，另一譯為社會興趣），讓他們成為具有同理心、樂於助人的世界公民。

反之，若大量的溺愛、過度的包庇，很可能造成孩子的「自我中心」，以自身的想法邏輯做為世界運作的規則，並用此解釋他人的種種行為，而無法理解或覺察對方真正的想法、感受或需求。這不但影響孩子與他人的合作，甚至容易造成更多的人際困擾，例如成為嬌縱的「媽寶／爸寶」。

我們可以給孩子適合的寵愛，但需要涵蓋「負責」與「合作」，才不會因為溺愛而讓孩子從王子／公主變成王子病／公主病。

不同的價值觀

在我高二上學期時，有一次和媽媽起了爭執，結果媽媽怒氣衝天對我說：「妳怎麼連這個最基本的觀念都不懂啊！我從小這麼努力教妳，妳竟然跟你爸爸一樣，價值觀偏差！」

我一聽到她這麼說，就覺得非常生氣。我不是個口齒伶俐的人，總是一心急，思緒就會亂成一團，有時甚至會很不爭氣哭出來，因此當時我只是軟弱地回她說：「我能有什麼價值觀啊！妳跟爸爸的意見永遠都不一樣，我根本不知道什麼是對，什麼是錯！」然後我又哭了。

媽媽聽到我這麼說，理直氣壯地回了一大串，但我已經彷彿放空，也開始思考剛才冒出來的那段話，心裡跟著上演一段爸爸媽媽吵架的小戲碼。此時我才發現，在爸媽迴然不同的思想和教育理念的影響下，我對很多事情的看法是模糊不清甚至混亂的，簡單來說，就是沒有一個屬與自己的價值觀。

過了一段時間，我也和爸爸吵了一架，爸爸對我說：「我真不懂妳在想什麼，怎麼連這種是非對錯都分不清楚！妳的頭腦是不清楚了嗎？」聽到這裡，眼睛炙熱與鼻酸的感覺又一湧而上，我最怕讓爸爸失望了，但我知道爸爸討厭別人哭哭啼啼，於是我仰起頭眼睛看向上方，試圖止住淚水。

自從那次和媽媽吵架，我發現沒有自己的一套價值觀，這回又被爸爸點出來，讓我如鯁在喉，不吐不快。於是我對爸爸也說了同樣的話：「你以為我能有什麼價值觀啊！你跟媽媽的意見永遠都不一樣，我根本不知道什麼是對，什麼是錯！」

價值觀從哪裡來？

我這麼說是希望爸爸能意識到，我夾在他和媽媽之間左右為難，然後先跟我說對不起，我們就能提早和解。沒想到爸爸的回答卻是：「女兒！想知道什麼是對，什麼是錯，只能靠妳自己好好思考！我們是無法給妳答案的。」聽到他這麼說，我真的完全傻眼！我就是不知道什麼是對，什麼是錯，你還要我自己思考？

難道這個攸關我人生的重要問題，對於爸媽來說，根本不是什麼大事嗎？直到現在，我一想到這件事情還是覺得很生氣，無論我說什麼，他們都會回報我更多的大道理，然後再細數另一方的不是，還有自己這些年來受了多少苦！儘管這些抱怨或許都是事實，但我實在聽過太多遍，早已學乖，不想再跟他們多說什麼了。

簡單說，「見人說人話，見鬼說鬼話！」成為我多年來練就的才能之一！

後來我才了解，除了社會上大部分人都有不該殺人放火、作奸犯科這類基本共識之外，價值觀這東西並沒有統一的標準。一般人的價值觀，大部分都是先來自父母、原生家庭，長大後受同儕、老師、社會影響逐漸形成。

爸媽不同調，價值觀互相矛盾

我非常羨慕我妹，因為我媽和我繼父的觀點幾乎一樣，尤其在教育方面。就算想法不一樣，最後談一談也能達成共識。至於我呢？就舉我爸媽最常吵架的原因——教育理念為例，爸爸堅持他的美國式開放教育，媽媽堅持她的扎根教育，兩人就為了如何教育孩子爭執不休。那時我年紀小，根本無從理解他們在爭論什麼，只希望爸爸媽媽不要再吵架。我不懂他們雙方誰是誰非，也沒辦法懂。

現在我長大了，對於教育這件事也有自己的一些看法。我認為任何教育系統都能教出很優秀的孩子，也許美國式開放教育能讓孩子在自由的環境下得到啟發，但也不是把每個孩子丟到美國就能發光發熱。造就台灣經濟起飛的那個世代，也有很多是土生土長的台灣人。成功與否或許和環境有關，但最主要還是在於人自己，只要有想法、肯努力，生命自會找到出路。

從小在父母不同的觀念之間拉扯，我無法從他們那裡得到一致的價值衡量標準，於是我轉而向朋友、老師及其他長輩一點一點學習。不知是否因為這樣，在與他人討論事情甚至爭論時，我往往沒有什麼自信，很容易因為別人的一句話而動搖、改變想法，或是論點自相矛盾，無法堅定意志據理力爭。

我很希望擁有能夠為之據理力爭的價值觀。我也告訴自己，未來的結婚對象要和我有相同的教育理念，待人處事的看法也接近。我不希望我的孩子和我一樣，因為大人的觀念不同而形成舉棋不定的性格。

當然，如果剛認識就和對方提出或討論價值觀和教育理念，可能會有點尷尬，甚至讓對方覺得自己想太多了。或許可以先在交往過程中多多觀察，如果這個人真的是我想一起擁有未來、共組家庭的對象，那麼我相信自己會鼓起勇氣和他深談！畢竟價值觀這東西，常常是兩個人能否走得長久、走得幸福的重要條件之一。

瑪那熊心理師的家庭觀察

伴侶、夫妻各自的價值觀，對於關係的好壞、穩定與否，雖然未必有絕對的因果，但多少會造成互動上的影響。因此，在進入一段關係之前，「了解彼此」是一件基本但重要的功課。在約會初期，的確不太適合直接詢問，例如「你對小孩教育的看法？」、「如果我跟婆婆之間有摩擦，你會站在哪邊？」之類的問題，很容易讓對方感到壓力，也會陷入不知如何回覆的尷尬情境中。

要了解對方的價值觀，有三個提醒之處：

1. 循序漸進

人與人的關係大多是逐漸拉近，聊天的話題也是由淺入深。例如分享生活中的興趣、休閒、旅遊經驗等，再進展到自己的人際圈（朋友、同事、家人）、過往經驗、戀愛歷程等。在雙方都分享了自己的生活後，再進展到談論較深層的價值觀，比較不會突兀，或讓對方因為壓力而保持距離。

2.積極觀察

對方的價值觀與個性如何，未必只能透過一問一答來得知。在聊天當中仔細聆聽對方的故事，也能找出蛛絲馬跡。例如，對方分享休假時的活動，是獨自進行，還是跟別人一起呢？除了朋友，是否會提到家人？在工作或生活上遇到某些事情，對方是如何因應、解決的？故事除了事件描述外，也可能隱含著對方的想法、習慣、觀念等，等著我們去發掘。

3.主動分享

不管你想透過互動了解對方的生活經驗，或是更深層的價值觀，直接詢問比較容易引起對方的防衛，尤其在關係不夠熟識的情況下，對方多少有所顧忌。要建立信任、增加關係安全感的核心方式之一，就是「自我揭露」，意即我們主動分享故事、看法後，再去詢問對方。當然，你的主動分享也要記得循序漸進，可別第一次見面就滔滔不絕聊育兒經、金錢觀甚至過去情史，很容易讓氣氛嚴肅，造成反效果。

一對伴侶或夫妻，很難所有價值觀「完全一樣」。事實上，我們也不需強求彼此在任何事情上的看法都一致，或認為唯有如此婚姻才會幸福。更重要的是，當看到對方的觀點與你不同時，先別急著說服、領導或改變對方，而是先帶著「好奇心」去理解。

「他為什麼會這麼想呢？」、「他考量的是什麼？」、「如果真的照他的方法，會有什麼正面影響？又會有什麼可能的負面影響？」

這些問題，也可以提出來請對方幫助你了解他。再來，也花點時間讓對方了解你自己的看法，將上列的問題轉為自述。記得，溝通並不是單向的說服或腦補想像，而是先從了解彼此開始。

最後，若兩人的觀點南轅北轍時，未必只能選擇一方、非A即B。折衷、平衡，需要雙方耐心協調，這個過程其實就是夫妻的合作。若帶著「對錯」、「輸贏」的角度，勢必難以合作甚至發生衝突；相反地，若帶著「一起解決難題」、「共同克服挑戰」的心態，會讓兩人更願意去溝通！

孩子也會對父母偏心？

有一天，一位熟識的阿姨有感而發地對我說：「大部分的離婚家庭小孩，都會比較同情沒有住在一起的爸爸或媽媽。」

這句話，就像一記重錘敲醒了我！我不自覺地拚命點頭，心中困擾許久的疑問，似乎從中得到解答。腦海中也出現在我上大學以前，媽媽最常罵我們的台詞——

「妳們這兩個孩子，一到妳爸爸那邊，想法就全變了。妳爸爸說什麼，妳們都覺得是對的，我說什麼，到最後都變成耳邊風！」「妳們覺得妳爸爸最可憐，覺得他被我欺負，難道我這樣做牛做馬，都是應該的？」

距離造成的美感？

每當媽媽說出類似的話時，我和姊姊總是很不以為然，認為媽媽又在胡思亂想，我們根本沒有偏袒爸爸！儘管在很多事情上，我們都聽從爸爸的建議而非媽媽的。

不論這些建議或想法誰對誰錯，我認真回顧過去發生的事情，覺得在觀念上我們受爸爸的影響較深，絕大多數的選擇確實也與爸爸一致。

一開始，我和姊姊都認為，我們之所以會聽進爸爸的話，是因為爸爸的話比較有道理，也比較有說服力，絕對不是我們「偏心」。直到姊姊上大學之後，搬到爸爸家住，讓我們改變了原本的想法。

高中時期的姊姊一直很期盼和爸爸住在一起，因為只要姊姊在家，經常會跟我或媽媽吵架。姊姊總認為爸爸的思想比較開放，和爸爸一起生活一定很自由，所以姊姊在十八歲的那一天，搬去和爸爸住了。

我以為姊姊搬去和爸爸住後，爭吵會大幅減少，然而吵架的次數不減反增，只是轉移陣地罷了。我幾乎每隔兩天就會收到爸爸傳來的訊息，告訴我，他和姊姊又吵架了，問我該怎麼辦；我也常聽到姊姊抱怨受不了爸爸的一些言行舉止，想搬出去住！

目睹了好幾次這對父女吵架的過程後，我發覺自己更了解爸爸，也漸漸明白，爸爸或許跟我們想像的有些不一樣。

原來我們以前並沒有真正了解爸爸啊！那為什麼我們會對他比較「偏心」呢？終於，我找到了主要原因，並不是我們比較愛爸爸（我們對爸媽真的都一樣愛），而是出於——同情！就像一開頭的那位阿姨描述的。

扮黑臉的媽媽

坦白說，和媽媽比起來，爸爸真的不怎麼「好玩」，因為爸爸的嗜好是修電腦、修馬桶、洗車……等等，我們並不特別感興趣。然而小時候和爸爸相處的那些日子，既不需要寫功課，也不用管房間有沒有整理好、東西是否收整齊……，因此在我們的心中，跟爸爸相聚的時間都特別輕鬆，跟爸爸在一起的回憶，當然比較美好！

當我察覺自己過去偏袒了爸爸時，瞬間體會到媽媽的苦惱。明明自己才是花了最多心力陪伴孩子的人，孩子卻不斷為爸爸護航。我想，這肯定很痛心。

我也問過自己，媽媽會不會後悔爭取我們的監護權，因為似乎沒有監護權的那一方比較好當，畢竟誰想一直扮黑臉呢？想到這裡，我要對媽媽說聲謝謝，感謝她沒有放棄成為監護的一方，一肩擔下管教的責任。

或許媽媽多年來就是因為身負重擔，無處宣洩，偶爾才會以罵人的方式紓解心頭壓力。而我們一被罵，情緒取代了理性，無法思考媽媽想表達的重點，也沒有設身處地為她著想，只覺得媽媽無理取鬧，不知不覺中更偏袒了爸爸。

如果能跟媽媽聊聊她的心情，體諒媽媽為我們承擔的責任，並自我反省一番，或許就能看清自己對爸爸的偏心，以及這背後的原因。

為媽媽寫一首歌

談到對爸媽的「偏心」，讓我想起一件事。

高二時，有一回考試的成績不錯，當天只想趕快回家與媽媽分享。放學後，得知一個學妹的母親不幸過世的消息，看到學妹淚如雨下、泣不成聲，我的心頭頓時蒙上一層陰影。

一路上，我忍不住胡思亂想，如果媽媽走了我怎麼辦？如果媽媽走了，我恐怕也活不下去……。愈想愈真實，愈想愈難過，我逼著自己不要再想下去。

回到家，心情仍然很沉重，一個人躲進房間哭泣。沒多久，我聽到媽媽回來的開門聲，趕緊把眼淚鼻涕擦一擦。平常只要媽媽一回家，我就會衝到門口在她身邊轉來轉去，那天媽媽進了門，發現家裡的燈亮著，卻沒看到人影，於是來到房間查看。

我以為自己可以假裝若無其事，但一看到媽媽打開房門進來，又忍不住哭了起來，喊著：「媽媽，如果妳死了我怎麼辦？」

媽媽聽到我講出那麼不吉利的話有點不高興，也很訝異，看我哭得稀哩嘩啦，便問我發生了什麼事，我跟她說起學妹的母親過世。媽媽安慰我，說了很多話，叫我不要擔心害怕……。那時我根本沒聽進去媽媽在講什麼，我只感受到溫暖的愛，還有腦海中突然響起的旋律。

那一天，我把當時的感受和腦中的旋律寫成一首給媽媽的歌。一年後，藉由幾位好朋友的幫忙，發表了這個作品。在我錄製這首歌的期間，我沒有告訴爸媽，一方面不知道爸爸會有什麼反應，另一方面也對媽媽感到害羞！

後來，我把這首歌放到臉書和 YouTube 上，於是完全沒辦法保密，要不被爸媽發現也很難，沒多久他們就聽到了這首歌。

爸爸吃醋了

聽到這首歌，媽媽開心極了，爸爸雖然一直稱讚這首歌很好聽，但是從他不太自然的表情中，我知道爸爸吃醋了！接下來的大半年，爸爸動不動就會酸酸地說：「沒關係，我知道妳比較愛媽媽。」為了安撫爸爸的心情，我也偷偷寫了一首歌給爸爸。

就在父親節當天，我發表了寫給爸爸的歌。終於，爸爸也沒有不平衡了。可愛的是，每次聊到寫給父母的歌時，爸爸總會說：「跟妳媽媽的那首歌比起來，爸爸這首的製作規模比較大，音樂也比較有層次、有深度！這種歌，才能拿上枱面！爸爸這首，真的比較好！謝謝心心。」

而媽媽總會說：「雖然妳爸爸那首也好聽啦！但聽來聽去，我這首真的比較耐聽，旋律也更優美，這首啊，才是大家想要的！謝謝妳啦，可心。」

每次聽到爸媽說這些話，心中都會偷偷笑著，我的爸媽怎麼那麼可愛。

原來，爸媽的心也是很脆弱、敏感的，會因為兒女的對待方式不同，而感到失落或不平衡。在這種情況下，我相信身為兒女的我們只要多體諒，表現出貼心的舉動，一定很快就能挽回父母的心。

一雙高跟鞋引起的戰爭

我的姊姊是個樸實的女孩子，平時不會穿高跟鞋，甚至不懂得如何穿高跟鞋。某天，因為工作的關係，姊姊穿了一雙咬腳的尖頭高跟鞋，在公司和政府單位大樓，來回奔波了一天。

晚上姊姊到媽媽家時，一進門就急忙翻箱倒櫃找著ＯＫ繃。原來姊姊的腳跟和腳指頭上，都裹著一層層厚厚的衛生紙和幾個貼得歪七扭八的ＯＫ繃。

一雙咬腳的鞋子

媽媽看到了，驚訝的問她：「這是怎麼回事？」只見姊姊舉起手往玄關處一比，媽媽看著那雙彷彿貼著「難穿」二字的尖頭高跟鞋唸道：「妳怎麼會買這種鞋啊！」姊姊邊笑邊回：「以前工作留下來的，沒關係啦，反正我也偶爾才穿，貼個 OK 繃就好，不用大驚小怪。」

媽媽隨口又叨唸了幾句，雖然她表現出訝異、驚奇，甚至帶點嘲笑的語氣，但我知道媽媽看到姊姊的腳被鞋子磨成這樣，非常心疼！

媽媽看著姊姊，不捨地說：「好啦，妳待會還要回妳爸爸家，要走一段路，我先借妳一雙鞋穿吧！」這時候姊姊不知道在逞強什麼，硬是不接受，還回嘴：「妳的鞋子都太貴了，我才不要穿。」

一直以來，姊姊都喜歡說媽媽愛買貴的東西（我要說句老實話，媽媽其實沒有特別愛買，就算買了有點高檔的東西，也都會用個十幾年，用到回本！），結果媽媽似乎被這句話給惹惱了！

接下來，媽媽和姊姊開始了一連串的鬥嘴，雖然兩人的語氣都有點衝，然而我聽得出來，她們並不想吵架，也不是要分輸贏，對話中還有些開玩笑的成分。在這種情況下，有時候我會幫其中的一方講講話，但因為知道這時兩人不是真的在吵架，所以只是安靜地坐在一旁。

怎麼跟妳爸爸一樣？

突然，姊姊不知道說了什麼，一時擦槍走火刺激到了媽媽，媽媽怒火急升，大罵：「妳怎麼跟妳爸爸一樣啊？都喜歡留一些爛東西！」這場鬥嘴鬥到正火熱時，媽媽口中蹦出這句話，當場讓氣氛直接降到冰點，姊姊不發一語，而我也把頭轉開。

我不確定姊姊的感受如何，但我因為媽媽的這句話感到很難過。我想姊姊應該也是，倒不是媽媽罵爸爸愛留爛東西（因為爸爸有時候真的會留一些奇怪的東西，而且還很得意），或是生氣媽媽罵我們，而是「妳怎麼跟妳爸爸一樣」這句話，尤其從媽媽嘴裡說出來，最讓我們感到難過。

我們知道爸媽之間有很大的心結，也能理解媽媽對爸爸總有些意見，只是，爸爸又不是怪物，像他有什麼不好呢？

媽媽的這句話也許完全無意，或只是因為姊姊的行為，讓她聯想到爸爸以前的習慣而已。然而兩人的離婚，讓我和姊姊總是會對媽媽口中的爸爸以及爸爸口中的媽媽，感到特別敏感，甚至會延伸出許多想法，因此這句話對我和姊姊來說，尤其刺耳。

就算我們真的從爸爸身上學到某些媽媽不以為然的習慣或觀念，我希望媽媽在表達意見時，能夠就事論事，不要牽連上爸爸（反之亦然）。畢竟爸媽之間早就橫著一本本的舊帳，如果任意將事情歸咎另一方，只會讓身為孩子的我們覺得爸媽意氣用事，又在翻舊帳，於是會反射性地築起保護牆，甚至想頂嘴激怒爸媽。

說法改變，結果不同

就像這次的事件一樣，起因媽媽心疼姊姊穿了不合適的高跟鞋，弄傷了腳；最後演變成媽媽嫌棄姊姊跟爸爸一樣，有留東西的習慣。至於觸發整個爭吵的禍首——那雙高跟鞋，早就被吵架的兩個人拋到腦後了！

我想，如果當時媽媽直接對姊姊說：「這雙鞋真的不合腳，看妳受傷成這樣，讓我好心疼，還是別穿了。如果不想丟掉，那就捐出去吧！」姊姊不但能真正了解媽媽擔心的原因，更有動機去改變，也能避免一場爭吵。

爸爸、媽媽，我和姊姊是你們的孩子，不像你們要像誰呢？爸媽都是我們很愛的人，如果能夠像爸爸以及／或是媽媽，我一生引以為傲。

為什麼你們總是看不到？

自從我上國中之後，除了在高中時期，有一次爸爸媽媽去律師事務所談判之外，兩人就沒再說過話，也沒見過面。因此，爸爸並不了解我平常和媽媽的生活情形，媽媽也不知道我都跟爸爸說了些什麼。

是夾心餅乾，還是牆頭草？

在前面的文章中，我曾提到身為小孩，多少會偏袒沒有監護權的一方。不過，若是爸爸說了一些批評媽媽，或媽媽說了一些傷害爸爸的話，那麼我絕對會站出來反駁，為她／他討回公道。當然，有時候也不是討公道，只是不想看到他們傷害對方。

可是我這麼做的時候，當事人永遠不在場，也看不到。他們只會看到我為對方說話，他們甚至會在生氣時，指責我是牆頭草、吃裡扒外的傢伙。

我很愛我的爸媽，我想他們也都清楚。我會在睡前鑽進媽媽的被窩，幫她按摩腳；媽媽出門買菜時，搶著不讓她提任何重物；還時不時對媽媽說：「我很愛妳喔，真的很愛妳喔！」我也會把行程排開，就為了和爸爸會面；主動把手機給爸爸看，也向爸爸介紹我的朋友，讓爸爸知道我完全信任他；我還會自製迷你書送給爸爸，討他開心。

以上種種，都是我對爸媽表達愛的方式。或許這些行為不值錢，和爸媽對我的付出相比，根本是九牛一毛，但在某種程度上，我真的希望透過這些方式，至少讓爸媽覺得「養這個小孩還不錯」！

我的愛，你都感受不到嗎？

雖然我這麼愛著他們，但是衝突還是無所不在。某一次，為著爸媽該如何分攤一筆支出的問題，我和媽媽吵了起來，媽媽生氣地說：「好啊！妳們都比較愛妳爸爸，永遠只會幫他講話，拿我的，對他好，我為妳們做這麼多，付這麼多錢，都活該倒楣，妳以後就叫妳爸爸幫妳付吧！」

每次媽媽提到錢，都讓我覺得無力抵抗，不知如何回應。我從未將爸媽的付出視為理所當然，但以我現階段的能力，實在無法支付很多費用，我能做的就是好好把握資源不浪費，做個貼心、懂事的女兒。我不想讓媽媽覺得我很浪費，或者為我花錢是不值得的。但我做的種種努力，好像也因為我幫爸爸說了幾句話，就被冠上了濫用資源、吃裡扒外的汙名。

聽到媽媽說的這段話，我突然失去理智、激動地嚎啕大哭，開始對著媽媽大吼：「妳真的覺得我都沒有為妳說話嗎？多少次我幫妳說話，妳都看不到，還覺得我在幫爸爸說話？所有人都看得出來我愛妳，就妳看不出來！」雖然說這些話時，我的口氣很大，態度也很差，但其實這些都只是為了掩蓋我內心的脆弱。

我沒想到我對媽媽的愛，不足以抵銷她對爸爸的恨，我平日為她做的一切，可以因為我為爸爸說的幾句話，就不算數了。或許當時我太激動，誤解了媽媽的意思，也或許她根本無意講出這些話，但聽在我耳裡，只覺得非常難過，想問她：「難道我這麼愛妳，妳一點都感受不到嗎？」

請結束「兩不政策」吧

幸好，那次吵架沒維持多久，事情很快就解決了。事後我告訴媽媽，我向來都在爸爸面前為她說話，媽媽也說她知道我很愛她，但這件事讓我重新思考——爸爸媽媽這樣不見面、不講話，對嗎？

過去，我贊成爸爸媽媽不見面、不講話，因為這似乎是個避免衝突的好方法，但仔細想一想，好幾年下來，這麼做也只能維持表面的平靜，私底下兩個人透過我和姊姊的代為傳達，還是不斷較勁，說起來所謂的「兩不政策」似乎只是個無謂的堅持罷了。

為此甚至還鬧了好幾次笑話，例如：姊姊受洗當天，因為兩人都堅持要參加，所以特別請了一群人當作人牆，擋住兩人的視線；還有，我和爸爸見面的地點總要特別挑選，避免讓爸爸經過媽媽家門口……。諸如此類情形，我想一般人都會覺得匪夷所思吧！

其實經過這些年，在「兩不政策」下生活的經驗，我覺得他們不見面、不講話，反而會因為資訊不足或不即時，造成更多的誤會，許多爸媽不明白的事情，會用想像填補，而我所做的努力，他們也都看不到。

如今爸爸媽媽已經超過八年不講話、不見面了，雖然可能性不大，但我還是衷心期望這樣的堅持能在某一天結束，不論是一頓飯、一通電話也好，我真心希望他們能夠放下，許多事其實沒有那麼難。

誰牽我走紅毯？

在很多親朋好友的眼裡，我不是一個愛做夢的夢幻女孩，而是相當實事求是、腳踏實地的。雖然婚姻這件事與我還有一點距離，但對我而言，這兩字的背後多少隱藏著恐懼。不過奇特的是，從小到大我就對結婚，或者應該說，對於結婚典禮，懷抱著美好的憧憬。

也許是小時候迪士尼公主電影看太多了吧。有時候逛街走在路上，或假日閒暇窩在沙發上，我就會開始幻想，未來我的婚禮要在哪裡舉行？婚紗要穿哪一種款式？禮服要換幾套？喜餅要選哪一家？……而我最喜歡的電視節目，就是旅遊生活頻道的「婚禮夢幻特輯」系列。

夢幻想像與現實掙扎

不過，每次幻想著這些不著邊際的事情時，心中總會冒出個疑問，到底在婚禮當天，我的父母要同桌共席，還是將主桌劃分為二，以減少尷尬場面；到底婚禮該辦一場，讓所有親友共聚一堂，一同見證、祝福我與另一半的結合？還是要有兩個場地，讓爸爸媽媽兩邊的親友分開，以便大家都能沒有負擔、開開心心地出席婚禮？最重要的是，結婚典禮進行時，要由誰牽著我的手，踏上紅毯呢？

我曾經問過媽媽這些問題，媽媽對我很有信心，她認為這些細節應該由我自己思考決定，並承諾會尊重我的選擇。至於走紅毯的事，媽媽很自然地說，讓我的親生父親牽我走紅毯。不過媽媽也強調，她的建議並不等於我的決定。

聽到媽媽願意讓爸爸牽我走紅毯，我固然很開心，畢竟他是我的親生父親，讓自己最愛的爸爸牽著走過紅毯，是所有女兒心中的願望。但是我也想到，那位同樣為我付出心力，不吝於給予一切的繼父呢？

或許媽媽與繼父都很樂意看到爸爸牽我走過紅毯，但同時身為繼父女兒的我，腦海不免閃過一個念頭，許多年來繼父默默為我付出了這麼多，我是不是該在婚禮的這一天，請他在眾親友面前牽我走過紅毯，以回報繼父的養育之恩。

女兒的願望

其實我最大的願望，就是爸爸和繼父能一起牽著我走過紅毯，不然另一隻手握捧花也未免太便宜捧花了！對吧？這個想法我一直不敢和爸爸提起，深怕爸爸會在我人生最重要的一天，心中有所不平，甚至落寞感傷，只要爸爸有一絲的不開心，我也會感到非常歉疚的。所以與其有這樣無法言說的掙扎，目前的我選擇不抱太大的期望，先暫時將這個小小的心願放在每年的生日願望裡。

可是，對於婚禮充滿浪漫憧憬的我，還是真的真的真的很希望能夠讓兩個爸爸牽我走紅毯……

我知道，在重要的日子，要讓爸媽以及兩邊的親友對彼此毫無疙瘩，是件不容易的事情。不過，每一次當我幻想著自己的婚禮時，內心總抱著一絲希望，希望當那一天來臨時，每位前來參加的親朋好友，都能在我人生中最重要的時刻，把過去所有的成見、不諒解，暫且全部放下，只要真心地祝福我，為我高興就好！但願這一切在未來能夠成真。

爸媽讓我相信愛情與婚姻

有一次和爸爸聊天，討論到了婚姻。爸爸回憶起當年婚姻出現危機時的心情，於是他難得地提起那段過往……。

我所不知道的爸爸

當時爸爸又不小心犯了錯，他知道就算是懸崖勒馬，也無法扭轉自己再次犯錯的事實，但因為他依然相信愛情，所以嘗試去彌補婚姻的裂痕。於是，爸媽找了諮商師，希望透過兩個人的共同努力，把這段婚姻經營下去……。

聽到爸爸這一番話，我忍不住笑了出來，因為以我對爸爸的認識，沒想到他竟然會相信愛情，相信婚姻。然而此時爸爸的表情非常嚴肅，讓我不得不對他有些另眼相看。也許爸爸並不如我以為的那樣瀟灑不羈，或許他曾在年輕的歲月中做錯過一些事，但不可否認的，他也費了許多心力，試圖挽回四分五裂的婚姻生活。

我還記得高中的時候，曾經問過媽媽一個問題：「如果我的老公外遇，我該原諒他嗎？」

其實當我問這個問題時，心中預設的答案就是：「絕對不要！」我告訴自己，如果結婚後發現老公外遇，一定要馬上離婚，絕無轉圜的餘地。相反的，如果我抱持著「絕對不要離婚」的想法，那就一定要確保我的老公百分之百地對我一心一意，我自己也要百分之百地好好經營婚姻。然而不可否認，人生充滿太多變數，我覺得這樣的要求實在很難做到。

言歸正傳，媽媽聽到我的問題後，停頓了一秒鐘，接著說：「當然要原諒他啊！」

誰影響我的婚姻觀？

聽到媽媽的回答，我覺得非常驚訝，沒想到媽媽這個歷經過離婚的女強人，竟然會叫我原諒外遇的行為！於是我接著說：「如果是我，我會馬上離婚！」

媽媽當時愣了一下，問我：「妳會有這樣的想法，是因為我跟妳爸爸離婚的關係嗎？」

「可能是吧！不過我實在無法接受外遇這種事。」

此時媽媽就像看著不懂事的孩子一樣，以充滿包容且異常溫柔的語調對我說：「爸爸跟媽媽的情況比較特殊，妳不要因為我們，就不相信愛情或是婚姻，只要好好經營，婚姻還是可以幸福美滿的！」

媽媽說完後，我想了一會，又問：「難道我結婚後就要變成小女人一般地百依百順，才能有美好的婚姻嗎？我要怎麼做，才能讓我的老公像現在的爸爸（繼父）十年如一日對妳那麼好呢？」

於是，媽媽又跟我講了很多夫妻的相處之道，但總括來說，就是「包容、順服」。我思考媽媽的話，揣摩著「耐心傾聽」這門心法：聽爸爸說、聽媽媽說、聽丈夫／老婆說！不管遇到什麼大事，試著去體諒或包容對方和孩子。

傾聽對方，相信自己

談到外遇的問題，我記得同學中有一個立志嫁入豪門女生，我曾問她：「如果妳老公對妳不好怎麼辦？如果他外遇呢？感覺這種事好像經常發生，妳不擔心嗎？」沒想到她的回答是：「反正我過得開心就好。他外遇，我也可以外遇啊！」令我更訝異的是，當場還有幾個女生也都很贊同她的想法。

我曾經以為離婚家庭的小孩，大多會夢想美滿的婚姻生活，並更去努力追求。說起來，這也是見仁見智的問題。每個人追求的目標不同。我就非常羨慕那些一生只擁有彼此的老夫老妻，自己卻是個不太相信愛情的人。儘管如此，我對婚姻依然抱持美好憧憬。聽了媽媽的話，我會嘗試耐心傾聽，試著去相信愛情、相信婚姻，相信我可以經營出自己美好的明天。

瑪那熊心理師的家庭觀察

在家庭中的成長經驗，對孩子在自我概念、人際互動甚至生涯發展上，或多或少都會造成影響。在我的諮商工作經驗中，父母的婚姻關係與孩子的「愛情觀」關連性特別明顯，也就是人們對愛情的看法與期待、擇偶條件以及與伴侶的相處模式，很容易受到父母本身的互動樣貌影響。例如刻意避免自己成為某方的樣子，或總不知不覺找尋具有某方特質的另一半，當這些來自父母婚姻的影響，持續埋藏在心底、無法浮出意識層面時，有可能常讓我們在愛情中陷入漩渦，重複著類似的歷程，或許受傷，或許消耗。因此，我很鼓勵不論單身或已有伴侶的讀者，透過心理諮商的晤談來探索自己的「愛情模型」，增進覺察，讓愛情更順利、幸福。

另一方面，「離婚」與「對孩子造成負面影響」絕不能輕率劃上等號，這種標籤不論對父母，或是對孩子都是不公平的。若一對父母即使分離，仍保有對孩子的責任感，並協調如何搭配各自的處境、能力與意願，來照顧孩子（不只物質，還有心理層面），那麼同樣能讓孩子有健全的發展，且不會因為父母離異而拒絕相信愛情與婚姻。

國家圖書館出版品預行編目資料

爸媽離婚再婚教我的事 / 李可心著. -- 初版. -- 臺北市 : 商周, 城邦文化出版 : 家庭傳媒城邦分公司發行, 2017.10
面；　公分

ISBN 978-986-477-329-9（平裝）

1. 分偶家庭　2. 親子關係

544.16　106017098

爸媽離婚再婚教我的事

作　　者／李可心
責任編輯／程鳳儀

版　　權／翁靜如、林心紅
行銷業務／林秀津、王瑜
總 經 理／彭之琬
發 行 人／何飛鵬

法律顧問／元禾法律事務所　王子文律師
出　　版／商周出版
台北市中山區民生東路二段 141 號 4 樓
電話：(02) 2500-7008 傳真：(02) 2500-7759
E-mail：bwp.service@cite.com.tw
Blog：http://bwp25007008.pixnet.net/blog
發　　行／英屬蓋曼群島商家庭傳媒股份有限公司城邦分公司
台北市中山區民生東路二段 141 號 2 樓
書虫客服服務專線：(02)2500-7718・(02)2500-7719
24 小時傳真服務：(02)2500-1990・(02)2500-1991
服務時間：週一至週五 09:30-12:00・13:30-17:00
郵撥帳號：19863813　戶名：書虫股份有限公司
讀者服務信箱 E-mail：service@readingclub.com.tw
歡迎光臨城邦讀書花園　網址：www.cite.com.tw
香港發行所／城邦（香港）出版集團有限公司
香港灣仔駱克道 193 號東超商業中心 1 樓
Email：hkcite@biznetvigator.com
電話：(852)2508-6231　傳真：(852)2578-9337
馬新發行所／城邦 (馬新) 出版集團 【Cite (M) Sdn. Bhd.】
41, Jalan Radin Anum, Bandar Baru Sri Petaling,
57000 Kuala Lumpur, Malaysia
電話：(603)90578822　傳真：(603)90576622
Email：cite@cite.com.my

封面設計／A+ DESIGN
電腦排版／唯翔工作室
印　　刷／韋懋印刷事業有限公司
總 經 銷／聯合發行股份有限公司　電話：(02)2917-8022　傳真：(02)2911-0053
地址：新北市 231 新店區寶橋路 235 巷 6 弄 6 號 2 樓

■ 2017 年 10 月 26 日初版　Printed in Taiwan

定價／ 280 元

ISBN 978-986-477-329-9